— Julia Zohren —

EINFACH NACHHALTIG Familienglück

Julia Zohren

EINFACH NACHHALTIG

Familienglück

DIE BESTEN TIPPS FÜR DIE SCHWANGERSCHAFT, DIE GEBURT, DAS WOCHENBETT UND DIE KINDHEIT

Umweltbewusst durch die ersten 6 Lebensjahre

EMF

EIN BUCH DER EDITION MICHAEL FISCHER

INHALT

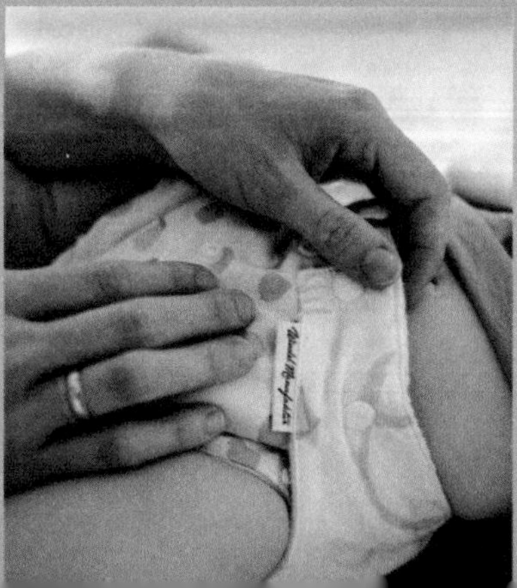

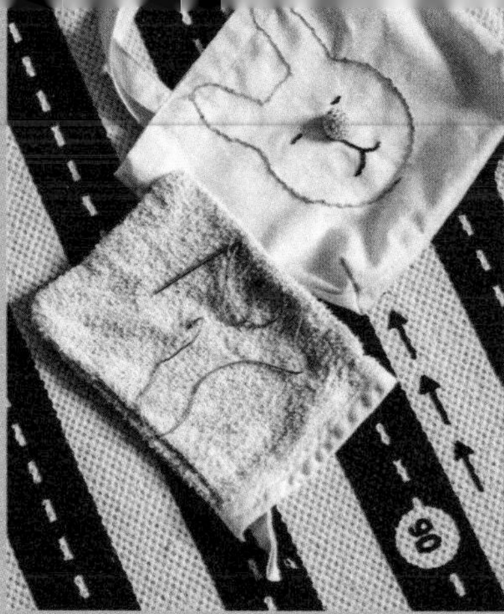

VORWORT

Meine 18 Monate alte Tochter hatte erst vor Kurzem mit dem freien Laufen begonnen. Im Sand des Spielplatzes entdeckte sie inmitten von Blättern, Zweigen und Tannenzapfen eine Plastikverpackung. Sie hob die Verpackung wie selbstverständlich mit ihren kleinen Händen auf, lief schnurstracks zum Mülleimer und warf die Verpackung zielsicher hinein. Ich kam aus dem Staunen nicht mehr heraus. Woher wusste sie, dass die Verpackung Müll war, die Tannenzapfen aber nicht? Woher wusste sie, wo der Mülleimer steht? Schließlich sehen Mülleimer doch stets ein klein wenig anders aus, und das muss ein Kind erst einmal lernen. Ich war verblüfft und förmlich sprachlos. Doch dann fiel es mir wie Schuppen von den Augen. Sie hat sich das von uns, ihren Eltern, abgeschaut. Kinder lernen durch Vorleben.

Kinder sind von Beginn an sozial. Sie wollen ein Teil der Gruppe sein, dazugehören. Sie wollen helfen, sich integrieren. Am einfachsten gelingt das, indem sie Handlungen der anderen Familienmitglieder imitieren. Später adaptieren sie auch Ausdrücke und Verhaltensweisen. Worte sind machtvoll. Doch unsere Taten sind noch viel machtvoller.

Seit sechs Jahren gestalte ich meinen Alltag Stück für Stück nachhaltiger. Drei Jahre vor der Geburt meiner ersten Tochter habe ich mich somit auf die Reise hin zum nachhaltigeren Leben begeben. Enden wird sie wohl nie. Mittlerweile bin ich zweifache Mutter. Durch die Kinder sehe ich vieles nochmals mit anderen Augen, Prioritäten haben sich verschoben. Gleichzeitig begegnen mir immer wieder neue Herausforderungen. Welche Werte möchte ich meinen Kindern mit auf den Weg geben? Wie kann ich mit Kindern Müll einsparen? Wie möchte ich meinen Kindern unseren so wundervollen Planeten hinterlassen? Vielleicht sind das Fragen, die auch dich beschäftigen.

Mit diesem Buch möchte ich dich ein kleines Stück bei dem Abenteuer Familienalltag begleiten. Von der Schwangerschaft bis hin zur Einschulung deines Kindes – und hoffentlich darüber hinaus. Ich möchte dir Denkanstöße liefern und wertvolle Tipps mit an die Hand geben, die sich auch im Alltag mit Kindern gut umsetzen lassen.

Setze dort an, wo es für dich am einfachsten ist. Gelebte Nachhaltigkeit muss keinesfalls perfekt sein. Jeder Schritt zählt, in der Summe können wir so viel erreichen. Da es gemeinsam einfach gelingt, das Familienleben nachhaltiger zu gestalten, lade ich dich ein, dich unter dem Hashtag **#einfachnachhaltiginsfamilienglück** auf Instagram mit anderen Familien auszutauschen.

Und nun wünsche ich dir ganz viel Freude beim Lesen dieses Buches, beim Ausprobieren von Rezepten und Nachbasteln von Anleitungen. Lass es uns gemeinsam angehen!

SCHWANGERSCHAFT

Ein neues Leben wächst in dir heran. Es mag kitschig klingen, doch es ist ein wahres Wunder. Dein Körper wird sich verändern, und du wirst ihn auf eine ganz neue Art und Weise kennenlernen. Mit der Schwangerschaft begibst du dich ein Stück weit auf die Reise zu dir selbst. Nicht selten besinnen sich schwangere Frauen auf das Wesentliche in ihrem Leben. Nehmen sich bewusst mehr Zeit für sich selbst und das, was ihnen guttut.

Schon bald wirst du das erste Mal die Bewegungen deines Kindes spüren. Ein unbeschreibliches Gefühl. Ganze neun Monate lang trägst du dein Kind unter deinem Herzen. Es ist immer bei dir. Bis ihr gemeinsam die Geburt erleben werdet.

Ich hatte das Glück, zwei wunderschöne und komplikationslose Schwangerschaften erleben zu dürfen. Doch keineswegs möchte ich Schwangerschaften allgemein glorifizieren. Phasen, in denen du dich als Schwangere nicht so gut fühlst, sind völlig normal. Vielleicht bist du auch gar nicht ganz so gerne schwanger und freust dich vielmehr auf die Zeit, wenn dein Baby endlich da ist. Das ist völlig in Ordnung. Und hat nichts mit Undankbarkeit zu tun.

Es ist mir eine große Freude, dich in deiner Schwangerschaft ein klein wenig begleiten zu dürfen und dir nachhaltige Tipps für diesen so prägenden Lebensabschnitt mit an die Hand zu geben. Gemeinsam schauen wir in diesem Kapitel, welche Möglichkeiten der nachhaltigen Umstandsmode für dich infrage kommt. Fair-Fashion-Label, Ausleihen, Secondhand-Kauf oder doch einfach zweckentfremden?

Tipps für die **natürliche Pflege** in der Schwangerschaft dürfen ebenso nicht fehlen. Das regelmäßige Einölen des Babybauchs ist ein wundervolles Ritual. Babybauch-Öl kannst du ganz einfach selber anmischen. Ich zeige dir, welche Öle dafür besonders gut geeignet sind.

Eines meiner Herzenthemen ist die **Achtsamkeit** in der Schwangerschaft. Nur, wenn wir ganz bei uns sind und es uns gut geht, können wir nachhaltig agieren. Davon bin ich überzeugt. Somit bildet die Achtsamkeit für mich die Basis des nachhaltigen Handelns.

Selbst, wenn du dich in der Schwangerschaft nicht komplett vegan ernähren möchtest, findest du in diesem Kapitel einige pflanzliche **Rezepte**. Mit Lebensmitteln kannst du auf natürliche Weise einige der klassischen Schwangerschaftsbeschwerden lindern. Fachliches Wissen zu dem Thema steuert die Ernährungsberaterin Carmen Hercegfi in Form eines Interviews bei.

NACHHALTIGE UMSTANDSMODE

Das Wohlfühlen in der eigenen Haut erhält in der Schwangerschaft nochmals einen ganz neuen Stellenwert. Bequeme wie schicke Kleidung kann dazu einen entscheidenden Beitrag leisten. Mit diesen vier Möglichkeiten brauchst du auch in der Schwangerschaft nicht auf nachhaltige Kleidung zu verzichten.

NORMALE KLEIDUNG ZWECKENTFREMDEN

Am nachhaltigsten ist es natürlich, das zu nutzen, was sich bereits im eigenen Kleiderschrank befindet – oder in dem des Partners. Eine große Auswahl an Kleidungsstücken lässt sich problemlos mit wie ohne Babybauch tragen. Suche dir einige dieser Kleidungsstücke zusammen oder achte beim Neukauf darauf, dass du die Teile auch nach der Schwangerschaft weiter tragen kannst. Kleiner Extra-Tipp für Kleider: Haben diese eine Knopfleiste, eignen sie sich nach der Schwangerschaft optimal zum Stillen.

10 KLEIDUNGSSTÜCKE, DIE SICH PRIMA MIT UND OHNE BABYBAUCH TRAGEN LASSEN

1. Maxi-Rock
2. Hemdbluse
3. Stretchkleid
4. Strickpullover
5. Weites Kleid
6. Culotte
7. Leggings
8. Jeans mit DIY-„Knopfverlängerung" (S. 26)
9. Kleidungsstück vom Partner
10. Sportkleidungsstück

KLEIDUNG AUSLEIHEN/MIETEN

Umstandsmode wird nur über einen kurzen Zeitraum hinweg benötigt. Ich habe meine Umstandsmode im Keller eingelagert. In der Zeitspanne, in der sie nicht von mir getragen wird, verleihe ich sie gerne an werdende Mamas im Freundes- und Bekanntenkreis. Hör dich einmal um, ob du dir das ein oder andere Teil ausborgen kannst. Alternativ kann Umstandsmode online gemietet werden.

SECOND-HAND-MODE

Da Umstandsmode nur kurzzeitig getragen wird, sind Kleidungsstücke dieser Kategorie aus zweiter Hand in der Regel in einem einwandfreien Zustand. Selbst mit einem geringen Budget kannst du dir auf Flohmärkten, in Secondhand-Läden oder über Online-Plattformen wie **Mamikreisel.de** nachhaltig das ein oder andere Teil für deine Schwangerschafts-Garderobe zulegen.

FAIR-FASHION-UMSTANDSMODE

An letzter Stelle der Konsum-Pyramide steht der Neukauf von Dingen. Optimalerweise wählst du Kleidungsstücke aus, die du auch nach der Schwangerschaft noch tragen kannst. Mittlerweile bieten einige Fair-Fashion-Labels spezielle Umstandsmode an. Gerne stelle ich dir ein paar nachhaltige Labels vor, bei denen du fündig werden kannst.

BOOB DESIGN	ERLICH TEXTIL
MAMALILA	MILCHSHAKE
FRUGI	HESSNATUR

HINWEIS

Anbieter zum Mieten von Umstandsmode: **Kilenda, Babydreams, Nitis Umstandsmode**

UNTERSUCHUNGEN IN DER SCHWANGERSCHAFT

Die Vorsorgeuntersuchungen können in einer Arztpraxis, in einem Geburtshaus, in einer Hebammenpraxis oder durch eine Hebamme bei dir zu Hause vorgenommen werden. Auch eine Kombination aus ärztlicher Vorsorge und der Untersuchung durch eine Hebamme ist möglich.

AUF DAS EIGENE KÖRPERGEFÜHL HÖREN

In der Schwangerschaft wird dir eine Vielzahl an möglichen Untersuchungen angeboten. Da jede Schwangerschaft individuell ist, ist nicht jede Untersuchung für jede Frau gleich sinnvoll oder gar notwendig. Besprich die möglichen Untersuchungen ausführlich mit deinem Frauenarzt / deiner Frauenärztin und/oder Hebamme. Mit den Mutterschafts-Richtlinien möchte ich dir an dieser Stelle lediglich eine Basis mit an die Hand geben, die es dir ermöglicht, dich unabhängig zu informieren und Fragen für die Gespräche mit dem Fachpersonal zu formulieren.

MUTTERSCHAFTS-RICHTLINIEN – WAS IST DAS?

Die Mutterschafts-Richtlinien wurden von dem Gemeinsamen Bundesausschuss (G-BA) verfasst. Auf der Website des G-BA können die Mutterschafts-Richtlinien eingesehen und heruntergeladen werden.

„Die Richtlinien regeln die ärztliche Betreuung der Versicherten während der Schwangerschaft und nach der Entbindung, insbesondere den Umfang und Zeitpunkt der Leistungen, das Zusammenwirken mit Hebammen und die Dokumentation im sogenannten Mutterpass."

(G-BA)

So empfiehlt der G-BA laut Mutterschafts-Richtlinie etwa nur **drei Ultraschalluntersuchungen** während der gesamten Schwangerschaft. Trotz unauffälligen Screenings werden oftmals während einer Schwangerschaft weitere Ultraschalluntersuchungen durchgeführt.

Auch ein **CTG** wird in vielen Praxen standardmäßig ab der 24. Schwangerschaftswoche geschrieben, obwohl es dazu keinen konkreten Anlass gibt. Der G-BA empfiehlt ein CTG lediglich bei Auffälligkeiten wie dem Verdacht auf vorzeitige Wehentätigkeit.

In der ersten Schwangerschaft habe ich sämtliche angebotenen Untersuchungen wahrgenommen, ohne diese großartig zu hinterfragen. In der zweiten Schwangerschaft habe ich mich eigenverantwortlich informiert, kritisch hinterfragt und Entscheidungen in Absprache mit meiner Frauenärztin und Hebamme getroffen. Die Vorsorge hat sich entsprechend deutlich unterschieden. Ich möchte dich ermutigen, auf dein Bauchgefühl zu hören und Nachfragen zu stellen.

NATÜRLICHE PFLEGE IN DER SCHWANGERSCHAFT

Der Bauch steht während einer Schwangerschaft im wahrsten Sinne des Wortes im Mittelpunkt. Wächst der Bauchumfang zunächst nur langsam, nimmt er zum Ende hin dafür umso schneller zu. In kurzer Zeit dehnt sich die Haut stark. Mit einer natürlichen Pflege kannst du deine Haut unterstützen.

BABYBAUCH-ÖL SELBER ANMISCHEN

Im Drogeriemarkt findest du eine Auswahl an Naturkosmetik-Schwangerschaftsölen. Wenn du bereits ein Körperöl daheim hast oder dich schon vor der Schwangerschaft gerne mit Oliven- oder Kokosöl eingeölt hast, kannst du darauf natürlich ebenso zurückgreifen. Möchtest du dein Babybauch-Öl selber anmischen, kann ich dir die folgenden drei Öle ans Herz legen.

Mildes Mandelöl. Mandelöl enthält einen hohen Anteil an ungesättigten Fettsäuren, wie Öl- und Linolsäure. Das Öl ist besonders hautfreundlich und bestens für die Pflege empfindlicher und trockener Haut geeignet.

Feuchtigkeit bewahrendes Jojobaöl. Jojobaöl ist ein ölartiges Wachs, das dem Fettgemisch der Hautoberfläche entspricht und sich daher gut mit dem natürlichen Lipidfilm der Haut vermischt. Durch diese Eigenschaft schützt es die Haut vor Wasserverlust, ohne fettend zu wirken.

An Vitamin E reiches Weizenkeimöl. Weizenkeimöl ist neben dem Vitamin E reich an Linol- und alpha-Linolsäure. Es eignet sich besonders zur Pflege von trockener und reifer Haut.

GESICHTSMASKE

DIY

Durch die hormonelle Umstellung wird sich mitunter auch deine Gesichtshaut verändern. Plötzlich ganz trocken, plötzlich unrein, plötzlich rosig zart – alles ist möglich. Mit einer DIY-Gesichtsmaske kannst du deiner Haut etwas Gutes tun und dir eine kleine Auszeit nehmen. Und das ganz ohne Müll.

ZUTATEN
2 EL Heilerde
warmes Wasser

ZUBEREITUNG
1. Gib die Heilerde in eine kleine Schale.
2. Mische nach und nach ein wenig Wasser hinzu. Rühre dabei stetig um.
3. Hat die Erde eine matschige Konsistenz erreicht, kannst du sie auf die Gesichtshaut und das Dekolletée auftragen. Am besten funktioniert das mit einem Pinsel.
4. Nach etwa 15 Minuten wird die Heilerde getrocknet sein. Nun kannst du sie wieder abnehmen. Entweder mit einem feuchten Waschlappen vorsichtig abrubbeln oder einfach unter der Dusche mit Wasser abwaschen.

Diese Maske ist simpel und genial zugleich. Heilerde findest du im Drogeriemarkt, Reformhaus oder in Apotheken in einer großen Papierverpackung. Ich nutze meine 500-g-Packung schon seit Monaten und werde damit noch lange auskommen. Heilerde kannst du ebenfalls bei Nacken-, Rücken oder Gelenkschmerzen einsetzen. Sie sorgt für eine bessere Durchblutung der Muskulatur und somit für eine wohltuende Entkrampfung. Heilerde zum Einnehmen kann zudem Sodbrennen lindern.

TIPP

Du kannst die Heilerde-Maske den Bedürfnissen deiner Haut anpassen, indem du das Wasser entweder durch Rosenwasser oder abgekühlten Kamillentee ersetzt. Einige wenige Tropfen Teebaumöl helfen zusätzlich bei unreiner Haut.

ACHTSAMKEIT IN DER SCHWANGERSCHAFT

Was bedeutet Achtsamkeit überhaupt? Achtsamkeit meint eine besondere Form der Aufmerksamkeit im Hier und Jetzt. Also Wahrnehmung ganz ohne Bewertung. Deine Schwangerschaft ist eine wunderbare Gelegenheit, ein wenig mehr Achtsamkeit in den Alltag einfließen zu lassen.

Kleine Rituale können deine Schwangerschaft achtsamer gestalten. Sie lassen dich entspannen und stärken die Beziehung zu deinem Kind. Schau einfach, was dir am ehesten zusagt und zu dir und deinem Alltag passt.

DEN TAG GEMEINSAM BEGRÜSSEN

Bleib am Morgen nach dem Aufwachen einige Zeit im Bett liegen. Lass deine Augen geschlossen und lege deine Hände auf den Bauch. Begrüße dein Baby. Das kannst du gedanklich machen oder die Begrüßung auch laut aussprechen. Nimm Kontakt zu deinem Baby auf. Ist es wach? Bewegt es sich eher langsam oder doch kräftig? Startet gemeinsam in den Tag. Was werdet ihr heute Schönes erleben?

DEN TAG GEMEINSAM AUSKLINGEN LASSEN

Gerade wenn du bereits ein Kind hast, das dich morgens mit viel Energie weckt, kannst du das kleine Ritual wunderbar auf den Abend verlegen. Oder natürlich ergänzend in Kombination durchführen. Lege vor dem Einschlafen deine Hände auf den Bauch und lass den Tag gemeinsam mit deinem Baby ausklingen. Was habt ihr heute Schönes erlebt? Ist dein Baby müde? Oder wird es gerade erst so richtig aktiv? Wie fühlen sich seine Bewegungen an?

DANKBARKEITSTAGEBUCH WÄHREND DER SCHWANGERSCHAFT FÜHREN

Ein Dankbarkeitstagebuch ist eine wunderbare Gelegenheit, um sich auf das positive im Alltag zu besinnen. Wofür bist du heute besonders dankbar? Notiere täglich drei Punkte. Das Dankbarkeitstagebuch kannst du abends als Rückblick auf den Tag schreiben oder aber am Morgen, um positiv in den Tag zu starten. Fühlst du dich einmal nicht so gut, kannst du zu deinem Dankbarkeitstagebuch greifen und die niedergeschriebenen Zeilen lesen.

GEMEINSAM ENTSPANNUNGSMUSIK HÖREN

Setze oder lege dich in eine bequeme Position und spiele Musik ab, die dich entspannen lässt. Lausche 5 Minuten nur dieser Musik und mache sonst nichts. Hast du mehr Zeit, kannst du natürlich auch länger Musik hören. Das Hören der Musik ist eine wunderbare Pause für Körper und Geist. Zum Ende der Schwangerschaft hin wird auch dein Baby im Bauch die Musik hören können. Wie reagiert es darauf?

ATEMÜBUNG

Setze dich aufrecht hin und nimm deinen Atem wahr ohne ihn dabei bewusst zu beeinflussen. Atmest du tief oder eher flach? Schnell oder langsam? Versuche aufkommende Gedanken ziehen zu lassen und dich immer wieder nur auf deinen Atem zu konzentrieren.

PARTNERSCHAFTSÜBUNG

Die zuvor beschriebene Atemübung kannst du wunderbar auch mit einem Partner oder einer Partnerin durchführen. Setzt euch dafür auf dem Boden Rücken an Rücken. Nimm zuerst ausschließlich deinen eigenen Atem wahr. Beobachte im Anschluss den Atem deines Partners/ deiner Partnerin. Spüre, wie sich die Schulterblätter heben und senken. Lass alle Gedanken ziehen, konzentriere dich nur auf den Atem.

SPAZIERGANG

Wann warst du das letzte Mal ganz in Ruhe spazieren? Ohne Musik auf den Ohren oder To-do-Liste im Kopf? Du musst keine weite Strecke gehen. Eine kleine Runde durch die Nachbarschaft am Abend kann bereits sehr entspannend wirken. Versuche, bei dem Spaziergang deine Umgebung ganz bewusst wahrzunehmen. Wie ist das Wetter? Welchen Tieren und Pflanzen begegnest du auf deinem Spaziergang? Wie fühlt sich die Bewegung für deinen Körper an?

TEE-ZEREMONIE

Bereite dir einen Tee zu und trinke ihn ganz in Ruhe. Spüre die Wärme der Tasse an deinen Händen. Wie entfaltet sich der Geschmack auf deiner Zunge? Auf Seite 24 findest du ein Rezept für einen Schwangerschaftstee. Mischst du den Tee selbst zusammen, trinkst du ihn noch bewusster.

WARMES BAD

Dein Körper trägt in der Schwangerschaft einiges an zusätzlichem Gewicht. Lass dir ein warmes Bad ein und zünde eine Kerze ein. Das angenehme Wasser wird dich tragen. Lass deine Arme und Beine im Wasser schweben. Nimm Kontakt zu deinem Baby auf. Gieße immer wieder ein wenig warmes Wasser über deinen Bauch.

MEDITATION / FANTASIEREISE

Online findest du eine Auswahl an kostenlosen geführten Meditationen, Traum- oder Fantasiereisen. Auch solche, die speziell auf eine Schwangerschaft zugeschnitten sind, etwa der Podcast „Die Friedliche Geburt“. Während der Meditation kannst du abschalten, bewusst wahrnehmen und Kontakt zu deinem Kind aufnehmen.

KLEINE RITUALE: BAUCH EINÖLEN

Kleine neue Rituale können dich die gesamte Schwangerschaft über begleiten. Das regelmäßige Einölen des Babybauchs ist ein schönes Beispiel für solch ein Ritual. Ganz wunderbar kannst du bei diesem Ritual auch Geschwisterkinder oder den/die Partner*in einbinden.

AFFIRMATIONEN FÜR DIE SCHWANGERSCHAFT

Affirmationen sind positive Sätze, die dich an deine eigene Stärke erinnern und dir Mut zusprechen sollen. Nimm dir Zeit, um dir deine ganz eigenen Affirmationen niederzuschreiben. Wähle deine liebste Affirmation aus und sage sie jeden Morgen zu dir selbst. Du kannst sie auch auf einen Zettel schreiben und im Badezimmer an den Spiegel kleben. Beispiele: Mein Baby ist sicher und beschützt. Ich ruhe in mir. Ich schaffe das. Ich vertraue meinem Körper und meinem Kind.

VEGANE ERNÄHRUNG IN DER SCHWANGERSCHAFT

Eine ausgewogene und gesunde Ernährung ist in der Schwangerschaft für dich und dein ungeborenes Kind besonders wichtig. Wenn du einige Punkte beachtest, kannst du diese ausgewogene Ernährung auch vegan gestalten.

SCHWANGERSCHAFTSBESCHWERDEN DURCH DIE ERNÄHRUNG LINDERN

Welche Punkte es bei der veganen Ernährung zu beachten gibt, erläutert die ganzheitliche Ernährungsberaterin Carmen Hercegfi im Expertinnen-Interview ab Seite 20. Vorab möchte ich auf ein paar typische Schwangerschaftsbeschwerden eingehen, die du mit bestimmten Lebensmitteln lindern kannst. Es sind natürlich keine Allheilmittel, und jeder Körper reagiert anders. Einen Versuch mit kleinen Mengen ist es aber Wert.

ÜBELKEIT

In der Schwangerschaft wirst du eventuell Abneigungen gegen Lebensmittel entwickeln, die du zuvor für dein Leben gerne verspeist hast. Daher musst du dich vielleicht ein wenig durchprobieren, bis du das ideale Lebensmittel findest, das deine Übelkeit lindert. Gut funktionieren könnten: Sojajoghurt, Weißbrot, Zwieback, Salzstangen, klare Gemüsesuppe, Pfefferminztee, Ingwertee.

SODBRENNEN

Je näher die Geburt rückt, desto „weicher" wird dein Körper. Eine Vielzahl von Muskeln lockert sich. Darunter auch der muskuläre Verschluss zwischen Magen und Speiseröhre. Gleichzeitig wird durch die wachsende Gebärmutter der Druck auf den Magen erhöht. Bei vielen Schwangeren führt das zu Sodbrennen. Das könnte helfen:

1. Drei Mandeln langsam kauen.
2. Einen großen Löffel Sojajoghurt langsam herunterschlucken.
3. Ein Stück trockenes Brot ganz langsam und oft kauen.
4. Mehrmals kleine Portionen essen, statt wenige große.
5. Kohlensäurehaltige Getränke vermeiden.
6. Am Abend die letzte Mahlzeit drei Stunden vor dem Schlafen einnehmen.

HEISSHUNGER

Regelmäßige Mahlzeiten können Heißhunger und Gelüste minimieren. Am besten zu Obst, Gemüse oder Nüssen greifen bei einer Heißhungerattacke. Gelüste können mitunter auf einen Mangel hindeuten. Behalte diese daher im Auge, sollten sie über längere Zeit konstant sein.

BLÄHUNGEN

Durch die Hormonumstellung verlangsamt sich die Verdauung in der Schwangerschaft. Das kann zu einem starken Völlegefühl oder Blähungen führen. Iss daher nicht zu viel auf einmal, besser mehrere kleine Mahlzeiten über den Tag verteilt. Lass Lebensmittel, die du in der Schwangerschaft nicht gut verträgst, aus. Vermeide kohlensäurehaltige Getränke. Tee mit Fenchel, Anis oder Kümmel kann sich beruhigend auswirken.

VERSTOPFUNGEN

Hormonbedingt sind Verstopfungen in der Schwangerschaft nicht untypisch. Trockenobst kann hier durchaus Abhilfe leisten. Zudem solltest du stets genügend Wasser oder ungesüßte Tees trinken. Eisenpräparate können Verstopfungen verstärken. Magnesium hingegen kann stuhlregulierend wirken. Sprich mit einem / einer Ernährungsberater*in, Hebamme oder Arzt/Ärztin über die eventuelle Anpassung der Nahrungsergänzungsmittel.

VEGANE ERNÄHRUNG IN DER SCHWANGERSCHAFT

CARMEN HERCEGFI
Ganzheitliche Ernährungsberaterin und Autorin mit Schwerpunkt auf vegane Kinder und Schwangerschaft

www.vegane-familien.de @carmen_hercegfi

Mit 16 Jahren entschied sich Carmen Hercegfi dazu, kein Fleisch mehr zu essen. Das war 1993. Seitdem ist viel geschehen. Mittlerweile ist Carmen zweifache Mutter. Ihre zweite Schwangerschaft hat sie komplett vegan gestaltet. Auf der Suche nach Informationen absolvierte sie verschiedene Aus- und Weiterbildungen.

2014 begann Carmen das Fernstudium zum Fachberater für vegetarische und vegane Ernährung (Academy of Sports) und die Ausbildung zur Ganzheitlichen Ernährungsberaterin (Paracelsus Heilpraktikerschulen Hamburg). Das war nur der Anfang. Es folgten viele weitere Seminare und Fortbildungen. Aktuell befindet sich Carmen in der Heilpraktikerausbildung und konzentriert sich auf Kinder, Kinderwunsch & Schwangerschaft und die Frauenheilkunde.

Carmens Vision: „Mein tiefster Wunsch ist es, den Menschen zu helfen, sich zu befreien… von falscher Ernährung und Krankheiten als Basis. Von alten Mustern und Glaubenssätzen. Ich möchte zum Wandel der Zeit und zur Entwicklung der Menschen aktiv beitragen und sehe diesen Prozess ganzheitlich. Vegane Vollwerternährung, Bewegung, Entspannung und spirituelle Entwicklung gehören für mich dabei untrennbar zusammen."

Welcher ist der größte gesundheitliche Vorteil der veganen Ernährung?

Ob die vegane Ernährung überhaupt gesundheitliche Vorteile bringt, hängt insbesondere davon ab, wie sie umgesetzt wird. Man kann sich den ganzen Tag vegan von Fertigpizza, Pommes, Eis und Torte ernähren. Dann gibt es sicherlich keine Vorteile, sondern Nachteile. Wenn man aber den Fokus auf eine vollwertig pflanzliche Ernährung legt, wirkt sich das häufig sehr positiv auf die Verdauung sowie auf ein gesundes Körpergewicht aus. Diese beiden Faktoren sind maßgeblich für viele Zivilisationskrankheiten verantwortlich. Ein klassisches Beispiel dafür ist das metabolische Syndrom, auch das tödliche Quartett genannt, bei dem es zu starkem Übergewicht mit bauchbetonter Fetteinlagerung, zu Bluthochdruck, einem gestörten Zuckerstoffwechsel (Diabetes Typ 2) oder einem gestörten Fettstoffwechsel kommt. Jede einzelne dieser Erkrankungen ist für sich genommen schon problematisch, doch je mehr davon zusammenkommen, desto größer ist das Risiko, an den Folgen zu versterben. Man spricht bei diesen Erkrankungen auch von Wohlstandserkrankungen, weil sie Folgen eines modernen Lebensstils sind, die aufgrund von zu wenig körperlicher Bewegung und Fehlernährung entstehen. Mit einer vollwertig pflanzlichen Ernährung können derartige Erkrankungen verhindert oder sogar, je nach Stadium, geheilt werden. Die Studienlage ist manchmal nicht ganz eindeutig und eine vegane Ernährung schneidet nicht unbedingt zwangsläufig besser ab, was an der nicht festgelegten Definition liegt. Eine vegane Ernährung bedeutet ja nur das Weglassen jeglicher tierischer Produkte und lässt damit eine große Bandbreite an möglichen Ernährungsweisen zu, wie schon eingangs erwähnt.

Wie kann ich mich schon in der Kinderwunschphase auf eine vegane Schwangerschaft vorbereiten?

In einer veganen Schwangerschaft sollte unbedingt auf die Umsetzung einer vollwertig pflanzlichen Ernährung geachtet werden. Während der Schwangerschaft steigt der Nährstoffbedarf im Vergleich zum Kalorienbedarf deutlich an. Daher ist es umso wichtiger, Lebensmittel mit hoher Nährstoffdichte zu verzehren. Dazu gehören Hülsenfrüchte, Vollkorngetreide, Nüsse und natürlich sowieso Obst und Gemüse. Der Kalorienbedarf steigt nur um etwa 250 Kalorien, während wesentlich mehr Nährstoffe benötigt werden. Das ist nur zu schaffen, wenn auf eine vollwertige Ernährung geachtet wird. Wenn man dies schon rechtzeitig vor der Schwangerschaft macht, die Blutwerte kontrolliert und Nahrungsergänzungen anpasst, kann eigentlich nichts mehr schiefgehen. Ich finde es wichtig, sich schon in der Planungsphase gut damit auseinanderzusetzen, weil das einfach ungemein beruhigt. Eine Schwangerschaft bringt häufig diverse Ängste mit sich. Das Thema Ernährung sollte nicht dazugehören. Dann kann man auch viel entspannter mit dem Umfeld umgehen und mit dem Gynäkologen sprechen.

Bei welchen Nährstoffen erhöht sich der Bedarf in der Schwangerschaft?

In der Schwangerschaft erhöht sich der Bedarf von fast allen Nährstoffen. Calcium ist eine der wenigen Ausnahmen. Grundsätzlich müssen natürlich auch immer alle Nährstoffe zugeführt werden. In der veganen Schwangerschaft sollten auf jeden Fall die potentiell kritischen Nährstoffe Protein, Vitamin B_{12}, Vitamin D, Vitamin B_2, Calcium, Eisen, Zink, Jod, Selen und Omega-3 besonders beachtet werden. Dazu kommt dann noch das Thema Folat. Letzteres ist bei Veganerinnen und Veganern nicht unbedingt ein kritischer Nährstoff. Es hängt aber im Einzelfall davon ab, wie die Ernährung umgesetzt wird. Folat ist besonders in den ersten 28 Tagen nach Konzeption sehr wichtig – also dann, wenn man noch nichts von der Schwangerschaft weiß.

Es klingt auf den ersten Blick nach viel, worauf wir achten müssen, jedoch sollten wir uns bewusst machen, dass es in jeder Ernährungsweise potenziell kritische Nährstoffe gibt. Wir sprechen also überwiegend von einer Verschiebung der kritischen Nährstoffe. Eine Sonderstellung nimmt B_{12} ein, dass bei einer veganen Ernährung im Prinzip gar nicht vorkommt (mit sehr wenigen Ausnahmen, die jedoch nicht bedarfsdeckend sind). Das muss zwingend supplementiert werden. Darüber hinaus sollte Vitamin D eingenommen werden. Das betrifft jedoch jede Ernährungsform. Omega-3 – und hier besonders EPA und DHA – sollten über ein Algenöl zugeführt werden. Inwiefern die anderen Nährstoffe ausreichend über die Ernährung gedeckt werden können oder ob auch noch eine Ergänzung, und vor allem in welcher Höhe, Sinn macht, muss im Einzelfall abgewogen werden. Dies betrifft vor allem Jod, Selen und Eisen. Dazu gibt es verschiedene Aussagen und Ansätze, und es ist insbesondere von den Blutwerten oder auch Erkrankungen der Schilddrüse (Jod) abhängig.

Welche Blutwerte sollte ich als schwangere Veganerin überprüfen lassen?

Eisen wird regelmäßig beim Gynäkologen getestet. Frau sollte darauf achten, dass nicht nur der Hb, sondern auch Ferritin bestimmt wird, da dieser Wert einen Hinweis auf das gespeicherte Eisen gibt. Darüber hinaus sollte B_{12} mittels Holo-Transcobalamin II getestet werden, ggf. auch Zink im Serum. Die Analyse im Vollblut ist hier aussagekräftiger, aber auch viel teurer. Selen testet man am besten auch im Vollblut. Auf jeden Fall sollte auf einen ausreichenden Spiegel an Vitamin-D geachtet werden. Die Testung des Jod-Spiegels ist nicht so einfach. Jod im Spontan- oder 24-h-Urin bietet nur eine Momentaufnahme. Vor einer Schwangerschaft sollten die Schilddrüsenwerte TSH, FT3 und FT4 getestet werden, da sich Schilddrüsenerkrankungen sowohl auf den Kinderwunsch als auch auf die Schwangerschaft negativ auswirken können. Was ich allen Schwangeren empfehle ist eine Fettsäurenanalyse. Viele Labore bieten keine oder keine guten Analysen an. Ein Selbsttest mit Trockenblut aus dem Speziallabor Omegametrix.eu bietet einen Aufschluss über 26 Fettsäuren auch in Relation zueinander und mit einer besonders guten Aussagekraft. Dieser Test ist direkt für Endkunden im Labor bestellbar. Aus meiner Erfahrung sind die meisten anderen Laboranalysen oft unbrauchbar, da sie unvollständig oder nicht richtig auswertbar sind.

Welche sind deine Top-5-Lebensmittel für die vegane Schwangerschaft?

Das sind keine einzelnen Lebensmittel, sondern immer Lebensmittelgruppen: Vollkorngetreide, Hülsenfrüchte, Obst, Gemüse + Nüsse.

SCHWANGERSCHAFTSTEE

Die ausreichende Flüssigkeitszufuhr ist in der Schwangerschaft besonders wichtig. Mit Tees gelingt es meist leichter, die empfohlenen 2,5 Liter täglich zu trinken. Zudem ist eine Teepause eine wunderbare Gelegenheit zum Entschleunigen.

DIY

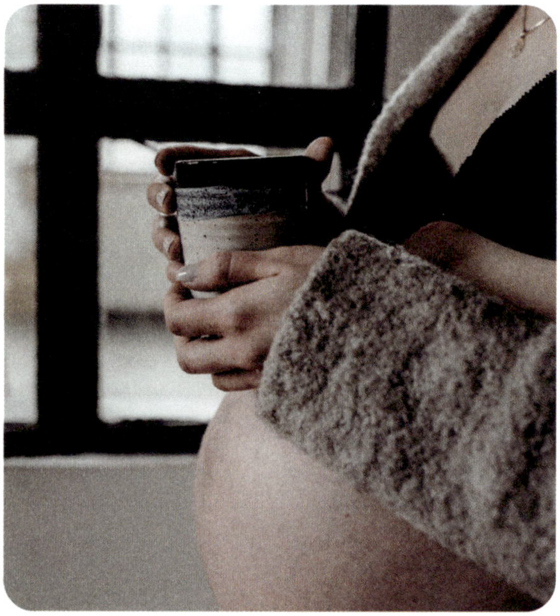

ZUTATEN

Kamille
Brennnessel
Zitronengras
Rosenblüten
Melisse

ZUBEREITUNG

1. Gib je einen halben Teelöffel der einzelnen Zutaten in eine kleine Schüssel und zerstoße diese leicht.
2. Fülle das Gemisch anschließend in ein Tee-Ei und lass es 8 Minuten lang in 300 Milliliter kochendem Wasser ziehen.
3. Du kannst dir auch einen kleinen Vorrat anmischen. Beachte jedoch, dass manche Zutaten nach unten durchrutschen werden und das Gemisch daher vor Verwendung stets neu durchmengt werden sollte.

WIRKUNG

Kamille: Die Kamillenblüten wirken beruhigend und entzündungshemmend. Sie lindern Bauchschmerzen und Verdauungsprobleme.

Brennnessel: Brennesseltee regt den Stoffwechsel an und spült Giftstoffe aus dem Körper. Bei Magen- und Darmbeschwerden verschaffen die Brennnesseln Linderung.

Zitronengras: Das Zitronengras verleiht dem Tee eine frische Note. Zudem wird dieser Zutat eine belebende und stimmungsaufhellende Wirkung nachgesagt.

Rosenblüten: Rosenblüten wirken entspannend und können zudem leichte Kopfschmerzen lindern.

Melisse: Die leicht zitronenartig duftenden Blätter helfen bei Schlafstörungen, Unruhe und Reizbarkeit.

ENERGY BALLS

DIY

Die kleinen Energiekugeln sind der ideale Snack in der Schwangerschaft. Sie enthalten wertvolle Nährstoffe und versorgen dich schnell mit wichtiger Energie. Du kannst einen kleinen Vorrat einfrieren und im Wochenbett darauf zurückgreifen.

PISTAZIEN-BÄLLCHEN

100 g Pistazien
100 g Mandelmus
100 g getrocknete Cranberrys
50 g Paranüsse
1 EL Leinsamen geschroten
1 EL Vanille-Extrakt

ZUCCHINI-APFEL-BÄLLCHEN

100 g Zucchini
100 g getrocknete Apfelringe
50 g Haselnüsse
50 g Haferflocken
50 g Mandelmus
1 EL Chiasamen
1 TL Zimt

ROTE-BETE-BÄLLCHEN

50 g gegarte Rote Bete
80 g TK-Himbeeren
80 g Walnüsse
120 g Haferflocken
100 g Kokoscreme
100 g Datteln
4 TL Hagebutten-Pulver

ZUBEREITUNG

1. Gib alle Zutaten in einen Mixer und vermenge sie so lange, bis eine klebrige Masse entsteht.
2. Stelle die Masse 1 Stunde in den Kühlschrank und rolle anschließend kleine Bällchen daraus. Mit feuchten Händen funktioniert das am besten.
3. Sollten dir die Energy Balls zu klebrig sein, kannst du sie anschließend wahlweise in Sesam oder Kokosraspeln wälzen. Bewahre die Energy Balls bis zum Verzehr im Kühlschrank oder Tiefkühlfach auf.

HINWEIS

Im Kühlschrank halten sich die Energy Balls einige Tage, im Tiefkühlfach etwa 3 Monate.

VERLÄNGERUNG

FÜR HOSEN MIT BABYBAUCH

Deine liebste Jeans wird dir mit wachsendem Babybauch schnell nicht mehr passen. Doch mit einem simplen Trick kannst du sie mitunter dennoch die gesamte Schwangerschaft tragen und so sogar auf spezielle Umstandshosen verzichten.

TIPP

Oder fädele ein Haargummi durch das Knopfloch in deiner Hose. Fixiere es mit einem Knoten, indem du das andere Ende durch die entstandene Schlaufe ziehst. Die Schlaufe kannst du, wenn du die Hose angezogen hast, an dem Knopf befestigen.

MATERIAL

breites Gummiband
Knopf
Schere
Nadel & Faden

DIY

SO GEHT'S

1. Schneide ein etwa 10 cm langes Stück von dem Gummiband ab.
2. An das eine Ende des Gummibands schneidest du mittig einen kleinen Schlitz. Da kommt später der Knopf deiner Jeans hindurch.
3. Am anderen Ende des Gummibandes nähst du nun den Knopf fest. Schau, wie viel mehr Länge du benötigst, um den idealen Abstand zum Schlitz zu finden.

Wähle in Kombination zu deiner Hose mit DIY-Erweiterung nun einfach ein langes Oberteil. So wird die Erweiterung niemand bemerken.

ONE-POT-PASTA

DIY

VEGANES HAUPTGERICHT IN DER SCHWANGERSCHAFT

One-Pot-Pasta ist herrlich einfach zu kochen. Da alle Zutaten im gleichen Topf landen, gibt es nachher auch wenig Abwasch. Die Zutaten sollen dir als Inspiration dienen. Natürlich kannst du die Möhren beispielsweise durch Zucchini ersetzen.

ZUTATEN FÜR 2 PORTIONEN

1 Zwiebel
1 Knoblauchzehe
3 Möhren
2 Lauchzwiebeln
1 Paprika
Olivenöl
1 Dose gehackte Tomaten
500 ml Wasser
250 g Vollkornnudeln
frische Kräuter nach Wahl (z. B. Basilikum oder Petersilie)
2 EL Erdnussmus
1 Prise Salz
2 Hände voll Erdnüsse

SO GEHT'S

1. Die Zwiebel und den Knoblauch jeweils schälen und fein hacken.
2. Möhren, Lauchzwiebeln sowie die Paprika waschen und in kleine Würfel schneiden.
3. Das Olivenöl in einem großen Topf erhitzen und die Zwiebel sowie den Knoblauch darin kurz anbraten.
4. Mit den gehackten Tomaten und dem Wasser ablöschen.
5. Sobald die Flüssigkeit heiß ist, alle restlichen Zutaten, außer die Nüsse, hineingeben.
6. Die Pasta mit den Erdnüssen als Topping servieren.

Vollkornnudeln sind wichtige Ballaststofflieferanten, die dich deutlich länger sättigen. Eine tolle Alternative sind auch Nudeln aus Hülsenfrüchten wie Linsen, Kichererbsen oder Mungobohnen. Beachte hier aber die Garzeit.

GEBURT & WOCHENBETT

Ankommen im Leben. Die Welt deines Babys stellt sich mit der **Geburt** einmal komplett auf den Kopf. Es muss so viel Neues lernen. Aber auch du musst ankommen. In deiner Rolle als Elternteil. Als Mutter. Als Vater. Hast du schon ein oder mehrere Kinder, müssen auch sie sich in ihre neue Rolle als Geschwisterkind einleben. Dieses Ankommen hält viele zauberhafte erste Male bereit, die dich an der ein oder anderen Stelle genauso fordern.

In diesem Kapitel beginnen wir noch vor dem tatsächlichen Ankommen. Ich habe bereits zwei Geburten erleben dürfen. Für mich ist die Geburt eine Reise, die lange vor dem eigentlichen Geburtstag beginnt. Daher beschäftigen wir uns mit der mentalen **Geburtsvorbereitung**. Auf meine zweite Geburt habe ich mich mithilfe von Selbsthypnose vorbereitet. Ich werde dir einen kleinen Einblick in meine positive Geburtserfahrung geben. Im Expertinnen-Interview ergänzt die Mentaltrainerin Kristin Graf diese persönlichen Erfahrungen um Fachwissen.

Gewiss wirst du viele offene Fragen zum Thema Geburt haben. Wo kann ich mein Kind zur Welt bringen? Was ist ein **Geburtsplan**? Wie könnte der Inhalt einer minimalistischen und nachhaltigen **Kliniktasche** aussehen? Wie kann ich mich bereits in der Schwangerschaft auf das Wochenbett vorbereiten? Auf all diese Fragen werde ich eingehen.

Ich lege dir ans Herz, zu diesen Fragen zusätzlich Rat von deiner Hebamme oder anderem Fachpersonal einzuholen, wann immer dir danach ist. In meinem Buch schlage ich stets eine Brücke zum Fokusthema Nachhaltigkeit. Somit stehen auf den Seiten zum **Wochenbett** kaum körperliche Aspekte im Mittelpunkt, stattdessen gebe ich dir nachhaltige Tipps mit an die Hand. Ich zeige dir, wie du Müll etwa durch das Vorkochen und Einfrieren von Essen einsparen kannst. Oder durch die Verwendung von Mehrwegprodukten wie Stoffbinden und waschbaren Stilleinlagen.

Mach dir dabei bitte keinen Druck. Die Zeit rund um die Geburt und das anschließende Wochenbett sind ein sehr intensiver Lebensabschnitt. Setze die Aspekte um, die für dich ohne Stress realisierbar sind. Nachhaltigkeit im Wochenbett soll diese so besondere Zeit verschönern und nicht zur Belastung werden.

Und das kann sie. Mein zweites Wochenbett, das ich während des Schreibprozesses an diesem Buch erleben durfte, war so viel entspannter als das erste. Ich wünsche auch dir solch einen friedlichen Start ins neue Leben.

GEBURTSORTE:

WO KANN ICH MEIN KIND ZU WELT BRINGEN?

In Deutschland kommen die meisten Kinder im Krankenhaus zur Welt. Das Geburtshaus ist der Mittelweg zwischen Krankenhaus und Hausgeburt. Welcher Ort für dich ideal ist, hängt von verschiedenen Faktoren ab. Ganz wichtig: Du sollst dich sicher und geborgen fühlen. Und das ist an allen drei Orten möglich.

KRANKENHAUS

In einem Krankenhaus betreut dich während der Geburt ein Hebammen-Team sowie ein Ärzteteam. Je nach Krankenhaus ist eine umfangreiche medizinische Versorgung sichergestellt – wie etwa eine Kinderintensivstation direkt vor Ort. Wirst du im Krankenhaus nicht von einer Beleghebamme begleitet, kann es während der Geburt unter Umständen zu einem mehrmaligen Schichtwechsel der Hebamme kommen.

Gerade in größeren Kliniken kann es eventuell ein wenig hektisch sein. Auf dem Flur läuft viel Personal hin und her. In verschiedenen Kreißsälen bringen mehrere Frauen gleichzeitig ihre Kinder auf die Welt. Oftmals ist es daher nur bedingt möglich, sich im Krankenhaus die eigene Wohlfühl-Atmosphäre zu schaffen. Unmöglich ist es aber keinesfalls.

Diese Fragen können dir helfen, das für dich richtige Krankenhaus zu finden: Gibt es einen Geburtspool? Fühlst du dich im Kreißsaal wohl? Wird ein Dauer-CTG geschrieben? Wie hoch ist die Dammschnittrate? Wie hoch ist die Kaiserschnittrate? Gibt es Familienbettzimmer? Du wirst gewiss noch einige weitere Aspekte finden, die dir persönlich wichtig sind.

Beim Vorgespräch im Krankenhaus kannst du dich genauer über das gängige Prozedere informieren und deine Wünsche äußern (siehe Geburtsplan S. 36). Durch eine Kreißsaalführung oder einen Infoabend kannst du die Räumlichkeiten des Krankenhauses auch vor dem Gespräch besser kennenlernen und mit dem geburtsbegleitenden Personal in Kontakt treten.

Oft bleiben Mütter mit ihren Babys drei bis vier Tage nach der Geburt im Krankenhaus. Geht es dir und deinem Kind gut, kannst du – wenn du dir das wünschst – auch ambulant entbinden. Bei der ambulanten Geburt verlässt du in der Regel etwa vier Stunden nach der Geburt das Krankenhaus und kannst in Ruhe zu Hause ankommen.

WICHTIG Auch wenn eine Hausgeburt oder eine Geburt im Geburtshaus geplant ist, solltest du dir ein Wunschkrankenhaus für eine eventuelle Verlegung aussuchen und dich dort anmelden.

GEBURTSHAUS

Im Geburtshaus begleiten Hebammen die Geburt ohne ärztliche Unterstützung. Es gibt Geburtshäuser mit Beleghebammen und Häuser mit Schichtdienst der Hebammen ganz ähnlich wie im Krankenhaus. Du hast in der Regel jedoch die Möglichkeit, die Hebammen vor der Geburt kennenzulernen. Meist gibt es weitere Angebote wie Vor- und Nachsorge, Stillgruppen, Geburtsvorbereitungskurse oder auch Schwangerschaftsyoga. Manchmal ist es möglich, gemeinsam mit einer Hebamme aus dem Geburtshaus ebenso eine Hausgeburt zu realisieren.

Wünschst du dir eine Geburt im Geburtshaus, solltest du frühzeitig Kontakt mit dem Geburtshaus deiner Wahl aufnehmen, und, wenn angeboten, an einem Infoabend teilnehmen. Die Plätze im Geburtshaus sind meist stark begrenzt. Hast du einen Platz erhalten, kannst du die Vorsorge im Geburtshaus wahrnehmen und dich so über die Monate hinweg mit den Räumlichkeiten vertraut machen.

In Geburtshäusern herrscht eine angenehme Atmosphäre. Durch warme Farben und eine gemütliche Einrichtung wird ein Wohlfühl-Charakter geschaffen. Die Gestaltungsfreiheit ist meist größer als im Krankenhaus. So kannst du zur Geburt oftmals etwa eine Duftlampe oder deine liebste Kerze mitbringen.

Nachteil: Bei Komplikationen oder dem Wunsch nach einer PDA musst du ins Krankenhaus verlegt werden. Bei einer Risikoschwangerschaft wirst du nicht im Geburtshaus entbinden können.

HAUSGEBURT

Bei einer Hausgeburt kannst du den Geburtsort komplett so herrichten, wie er für dich optimal ist. Du kannst ihn abdunkeln, das Licht dimmen, Kerzen aufstellen, Entspannungsmusik abspielen. Du musst nicht während der Wehen aufbrechen und den Ort wechseln (ins Krankenhaus/Geburtshaus).

Bei der Geburt wirst du von deiner dir vertrauten Hebamme begleitet. Meist wird dich deine Hausgeburtshebamme für die Vorsorgetermine in der Schwangerschaft regelmäßig zu Hause besuchen. Ihr lernt euch über die Monate kennen und baut eine Beziehung auf. Bei der Geburt weiß deine Hebamme genau, was du dir wünschst und was nicht. Es gibt keinen Schichtwechsel. Deine Hebamme begleitet dich von der ersten Wehe bis zur Vorsorge deines Kindes nach der Geburt.

Nach der Geburt bist du direkt zu Hause und kannst dich entspannt in dein eigenes Bett legen. Du bist ungestört und kannst alle Vorzüge des eigenen Heims genießen. Deine Hebamme ist nach der Geburt weiterhin rund um die Uhr telefonisch für dich erreichbar und wird dich und dein Baby gleich am nächsten Tag erneut besuchen.

Auch eine Wassergeburt ist bei einer Hausgeburt möglich. Du kannst einen Geburtspool mieten (über die Hebamme) oder kaufen.

Wie auch bei der Geburt im Geburtshaus gilt: Bei unerwarteten Komplikationen ist eine Verlegung ins Krankenhaus notwendig. Eine Hebamme wird eine Hausgeburt nur durchführen, wenn keine Risikoschwangerschaft besteht. Eine PDA oder ein Kaiserschnitt sind zu Hause zwar nicht möglich, die Versorgung von eventuellen Geburtsverletzungen oder die U1 des Kindes nach der Geburt hingegen schon.

DEINE WAHL

Das Geburtshaus und die Hausgeburt sind nur eine Option, wenn keine Risikoschwangerschaft vorliegt. Ist das der Fall, hast du freie Wahl. Wende dich mit all deinen offenen Fragen zu den Geburtsorten an das jeweilige Fachpersonal. Und höre danach auf dein Bauchgefühl. Du musst dich mit deiner Entscheidung wohlfühlen, das ist das Wichtigste. An jedem der drei Orte kannst du eine tolle Geburt erleben.

TIPP

Zahlen und Fakten rund um Hausgeburten und das Geburtshaus findest du auf **www.quag.de** – der Website des unabhängigen Vereins „Gesellschaft für Qualität in der außerklinischen Geburtshilfe".

GEBURTSVORBEREITUNG MIT HYPNOSE

Eine Geburt kann wunderschön sein. Wie das Erklimmen eines hohen Berges. Es ist streckenweise anstrengend und körperlich fordernd. Doch gleichzeitig genießt man zwischendurch immer wieder die atemberaubende Aussicht. Das Gefühl, wenn der Gipfel erreicht wurde, ist unbeschreiblich.

WIE WIRKT SICH DIE HYPNOSE AUF DEN GEBURTSVERLAUF AUS?

Ich habe zwei Geburten erlebt. Die erste ohne Selbsthypnose und die zweite mit Selbsthypnose. Auf dieser Doppelseite erzähle ich dir von meinen eigenen persönlichen Erfahrungen. Online wirst du noch viele weitere Erfahrungsberichte finden. Wenn dir vor allem Fakten wichtig sind, kannst du dir zahlreiche wissenschaftliche Studienergebnisse rund um das Thema Hypnose durchlesen.

Natürlich beeinflussen viele Faktoren eine Geburt, und somit ist es nicht die Hypnose alleine, die mich meine zweite Geburt so anders hat erleben lassen als die erste. Doch die Hypnose hat definitiv einen entscheidenden Beitrag geleistet. Bei der ersten Geburt bin ich in eine Art Panikzustand verfallen. Ich habe mich in die Schmerzen regelrecht hineingesteigert. Eine PDA hat dem damals schließlich ein Ende gesetzt. Einige Situationen kann ich nicht mehr rekonstruieren, da ich durch die Panik wie benommen war. Unter der Hypnose war ich bei der zweiten Geburt hingegen völlig klar, und ich habe den gesamten Ablauf noch heute deutlich vor Augen. Ich würde nicht sagen, dass meine zweite Geburt komplett schmerzfrei war. Was hauptsächlich daran lag, dass ich hin und wieder aus dem hypnotischen Zustand herausgekommen bin. Doch ich war ganz bei mir und konnte dadurch sehr gut mit dem Schmerz umgehen.

HYPNOSE ERLEBEN?

Um bei der Berg-Metapher zu bleiben: Eine solche Bergbesteigung ist nur mit entsprechendem Training und einer professionellen Ausrüstung gut zu meistern. Stell dir einmal vor, du musst einen steilen Berg ohne Wanderschuhe und dafür barfuß besteigen. Bestimmt kommst du oben an, doch der Weg wird alles andere als schön.

Das Gute: Genau wie du deine Muskeln für eine Bergbesteigung trainierst, kannst du auch Hypnose trainieren. Je öfter du in der Schwangerschaft übst, dich selbst in den hypnotischen Zustand zu versetzen, desto leichter wird es dir während der Geburt gelingen. Ich habe mich mit der Methode „Die Friedliche Geburt" von Kristin Graf vorbereitet. Durch ihren kostenlosen Podcast kannst du herausfinden, ob die Methode ebenfalls zu dir passt.

WANN MUSS ICH MIT DEM ÜBEN BEGINNEN?

Vielleicht bist du bereits schwanger, wenn du diese Zeilen liest. Keine Sorge – auch wenn du erst wenige Wochen vor der Geburt beginnst, dich intensiver damit auseinanderzusetzen, kann dir eine Geburt unter Hypnose gelingen. Idealerweise beginnst du spätestens sechs Wochen vor der Geburt. Mit dem täglichen Üben habe ich etwa in der 32. Schwangerschaftswoche gestartet. Davor habe ich täglich einige Podcast-Folgen von Kristin gehört sowie hin und wieder eine ihrer Meditationen gemacht.

WARUM KEIN KLASSISCHES HYPNOBIRTHING?

Im Web findest du viele Informationen zu dieser Methode. Vielleicht sagt sie dir zu, auch dort wird mit Hypnose gearbeitet. Da ich an keinem HypnoBirthing-Kurs teilgenommen habe, kann ich zu den Kursen selbst nichts sagen. Zu Beginn meiner zweiten Schwangerschaft habe ich das Buch „HypnoBirthing" von Marie F. Mongan gelesen. Von der Grundidee des HypnoBirthings war ich gleich ganz angetan. Gleichzeitig war ich ein wenig überfordert. Beim HypnoBirthing werden zahlreiche Methoden vorgestellt, die dich in die Tiefenentspannung versetzen sollen. Für welche soll ich mich entscheiden? Wird meine Entscheidung die richtige sein? Selbst wenn ich die Möglichkeiten eingegrenzt habe, muss ich immer noch mehrere Wege üben. Bei der „Friedlichen Geburt" hingegen gibt es nur einen einzigen Weg, sich in die Selbsthypnose zu versetzen, und dieser wird regelmäßig geübt. Zum Üben gibt es eine Haupt-Meditation und ergänzende weitere – etwa für einen Kaiserschnitt. Für die Geburt gibt es darüber hinaus eine lange Geburtsmeditation. Ich war dankbar für diese klare Anleitung, und es fiel mir sehr leicht, damit zu üben.

Die Ausbildung zur zertifizierten HypnoBirthing-Kursleiterin besteht lediglich aus einen Intensiv-Wochenend-Seminar. Vorkenntnisse in den Bereichen Geburtshilfe oder Hypnose sind nicht zwingend notwendig. Kristin hingegen hat ein fundiertes gelebtes Fachwissen mit praktischer Erfahrung seit 1998 im Bereich Mentaltraining und Hypnose. Ihre Hypnosen lässt sie zusätzlich von einem Facharzt für Psychosomatik prüfen und optimieren.

BEKOMME ICH ÜBERHAUPT NOCH ETWAS VON DER GEBURT MIT, WENN ICH IN EINEM HYPNOTISCHEN ZUSTAND BIN?

Eventuell ist dir die Hypnose schon einmal im Fernsehen in Form von Show-Hypnose begegnet. Bei solchen Shows wirken die Menschen wie ferngesteuert und als seien sie nicht mehr Herr ihrer eigenen Sinne.

Durch die Selbsthypnose während der Geburt habe ich die gegenteilige Erfahrung gemacht. Ich war ganz bei mir, total fokussiert, und ich wusste genau, was ich tue. Haben mein Mann oder unsere Hebamme mich etwas gefragt, konnte ich darauf antworten. Idealerweise werden während der Hypnose keine Fragen gestellt, da diese die Wahrscheinlichkeit erhöhen, dass der Zustand der Tiefenentspannung nicht mehr gehalten werden kann. Klare und knappe Informationen wie „Wir lassen nun das Wasser in den Geburtspool ein" sind hier die bessere Wahl. Solche Infos konnte ich während der Hypnose problemlos aufnehmen.

WIE WIRKT SICH DIE GEBURT UNTER HYPNOSE AUF DEN START INS LEBEN AUS?

Durch die Hausgeburt unter Hypnose haben meine Tochter und ich eine friedliche und wunderschöne Geburt erleben dürfen. Körperlich musste ich nach der langen Zeit der Schwangerschaft und natürlich auch der Geburt im Wochenbett Kraft tanken, keine Frage. Dennoch sind wir durch die positive Geburtserfahrung gestärkt in dieses Wochenbett gestartet. Im ersten Babyjahr warten viele Hürden auf uns Eltern. Ich wünsche jeder Frau, dass das Überwinden eines Geburtstraumas nicht zu diesen Hürden gehört.

KÖRPERLICHE VORBEREITUNG AUF DIE GEBURT

Neben der mentalen Geburtsvorbereitung kannst du dich auch körperlich ganz natürlich auf die Geburt deines Babys vorbereiten. Besprich das Thema am besten mit deiner Hebamme. An dieser Stelle möchte ich dir nur eine kleine Auswahl an natürlichen Möglichkeiten vorstellen.

SPORT (YOGA)

Es gibt Phasen in der Schwangerschaft, da möchte man am liebsten nur auf dem Sofa liegen und nichts tun. Das ist vollkommen normal und legitim. Doch eine gewisse Regelmäßigkeit an leichtem Sport wird dein Körper dir danken und ist förderlich für die bevorstehende Geburt.

Dazu zählt bereits der abendliche Spaziergang durch die Nachbarschaft. Es geht also keinesfalls darum, dass du dich körperlich verausgaben sollst. Ich habe in der Schwangerschaft Yoga für mich wiederentdeckt. In einem speziellen Schwangerschaftsyogakurs konnte ich mich körperlich bewegen und gleichzeitig Atem- und Entspannungstechniken erlernen.

HEUBLUMENDAMPFBAD

Ein Heublumendampfbad kann ab der 38. Schwangerschaftswoche helfen, das Gewebe für die Geburt zu lockern und geschmeidiger werden zu lassen. Durch den warmen Dampf wird die Durchblutung angeregt. Am wichtigsten ist: Du musst dich dabei wohlfühlen und entspannen können. Wenn das der Fall ist, stellt alleine dieser Aspekt eine Bereicherung dar. Fühlst du dich bei dem Dampfbad nicht wohl, wähle eine andere Art der Vorbereitung.

Für das Dampfbad gibst du eine Hand voll Heublumen in eine Schüssel und gießt sie mit kochendem Wasser auf. Stelle die Schüssel in die Toilette. Sobald der Dampf nicht mehr zu heiß ist, kannst du dich auf den Toilettensitz setzen. Bleibe dort etwa 5–10 Minuten sitzen. Im Anschluss an das Dampfbad bietet sich die Dammmassage an.

DAMMMASSAGE

Mit einer regelmäßigen Dammmassage ab der 36. Schwangerschaftswoche kannst du das Dammgewebe auf die Dehnung während der Geburt vorbereiten und das Risiko von Dammverletzungen so reduzieren. Studien sind sich uneinig, um wie viel Prozent das Risiko sinkt. Doch da es keine Nebenwirkungen gibt, ist es ein Versuch wert, solange du dich mit der Umsetzung wohlfühlst.

Benetze Daumen sowie den Zeige- und Mittelfinger mit ein wenig Öl. Führe nun den Daumen bis zur Hälfte sanft in die Vagina ein. Dehne mit dem Daumen den Damm von innen in Richtung After. Sei dabei vorsichtig. Eine spürbare Dehnung ist gut, es sollte aber nicht schmerzen. Gleichzeitig kannst du mit dem Zeige- und Mittelfinger das Dammgewebe von außen massieren. Mache gelegentlich eine Pause und verändere dann die Position deines Daumens ein wenig, sodass du eine möglichst große Fläche des Gewebes lockerst. Wende dich bei Unsicherheiten mit deinen Fragen an deine Hebamme.

AKUPUNKTUR

Mit der geburtsvorbereitenden Akupunktur wird in der Regel ab der 36. Schwangerschaftswoche begonnen. Von da an wird eine Sitzung von jeweils etwa 30 Minuten pro Woche empfohlen. Während der Sitzung werden Akupunkturnadeln in deine Beine gesetzt. Die Stimulierung wird die Geburt nicht früher beginnen lassen, sie soll sich jedoch positiv auf den Geburtsverlauf auswirken. So haben Studien gezeigt, dass sich bei akupunktierten Frauen der Muttermund schneller verkürzt, die Geburten kürzer andauern und seltener eine medikamentöse Wehenmittelgabe per Oxytocin-Tropf benötigt wird. Wird die Akupunktur kompetent durchgeführt, gibt es keine Nebenwirkungen. Oftmals bieten Hebammen geburtsvorbereitende Akupunktur an. Sollte das Thema für dich interessant sein, hake einmal bei deiner Hebamme nach.

GEBURTSPLAN

Jede Geburt ist einzigartig. Auch wenn eine natürliche Spontangeburt nicht planbar ist, kann dich ein Geburtsplan deiner Traumgeburt ein ganzes Stück näher bringen. Es kann für dich eine wunderbare Erfahrung sein, den Plan zu schreiben, und gleichzeitig ist er eine große Hilfe für das geburtsbegleitende Personal.

DIE WUNSCHVERSION DEINER GEBURT

Werde dir zunächst klar darüber, was du dir wünschst für deine Geburt und was nicht. Dazu ist es hilfreich, deine Traumgeburt immer wieder in unterschiedlichen Szenarien gedanklich durchzuspielen. Bei einer Geburt im Krankenhaus solltest du dich zusätzlich über die standardmäßigen Routinen dort informieren.

GEBURTSPLAN

Schreib alles, was dir einfällt, nieder. Beachte dabei auch mögliche Zwischenfälle. Formuliere die Punkte dann möglichst klar und knapp und fasse sie in Kategorien wie „Während der Geburt" oder „Nach der Geburt" zusammen. Hier ein paar Beispiele.

1. Ich werde während der Geburt meine Geburtshypnose hören. Mein*e Partner*in übernimmt die Kommunikation.
2. Wenn möglich, wünsche ich mir ein mobiles CTG.
3. Ich habe Angst vor Spritzen, ..., ...
4. Sollte ich eine PDA erhalten, dann ...
5. Sollte es zu einem Kaiserschnitt kommen, dann ...
6. Ich möchte keinen Dammschnitt, wenn es nicht zwingend notwendig ist.
7. Ich wünsche mir ein Familienbettzimmer.
8. Ich wünsche mir, dass die Nabelschnur auspulsieren darf.
9. Ich möchte mein Baby stillen.
10. Ich möchte keinen prophylaktischen Zugang gelegt bekommen.
11. Ich möchte nicht, dass meine Fruchtblase geöffnet wird, wenn es nicht zwingend notwendig ist.
12. Ich möchte den Muttermundsbefund nicht genannt bekommen.

Grundsätzlich gibt es für den Geburtsplan keine starren Regeln. Ich empfehle dir, den Plan nicht umfassender als auf einer DIN-A4-Seite zu schreiben. Entbindest du im Krankenhaus, wird dich vermutlich eine dir unbekannte Hebamme begleiten. Sie sollte von dem Geburtsplan nicht erschlagen oder gar abgeschreckt werden.

WANN UND WIE KOMMT DER PLAN ZUM EINSATZ

Viele Krankenhäuser bieten ein Vorgespräch zur Anmeldung der Geburt an. Nimm zu diesem Gespräch deinen Geburtsplan mit und besprich die Punkte. Auch mit deiner Beleghebamme oder deiner Hausgeburtshebamme kannst du den Plan einige Wochen vor dem errechneten Geburtstermin in einem persönlichen Gespräch durchgehen. Nicht zuletzt solltest du mit deinem*r Partner*in ausführlich über den Plan sprechen. Vielleicht hat er oder sie ergänzende Punkte. Vermeide es, den Plan geburtsbegleitendem Personal ohne viele weitere Worte in die Hand zu drücken. Wenn es nicht anders geht, ist das aber dennoch besser, als gar keine Wünsche äußern zu können.

NACHHALTIGE UND MINIMALISTISCHE KLINIKTASCHE

Auch bei einer geplanten Hausgeburt solltet ihr eine Kliniktasche vorbereiten für den Fall, dass das Baby sich früher ankündigt und du doch kurzfristig ins Krankenhaus musst. Auch für das Geburtshaus empfielt es sich, frühzeitig zu packen.

Grundsätzlich gilt natürlich: das, was für mich wichtig ist bei einem Krankenhausaufenthalt nach der Geburt, muss nicht das sein, was für dich wichtig ist. Und andersherum. Daher kann diese Liste lediglich als Inspiration dienen. Wenn du ein wenig mehr einpacken möchtest, weil du dich damit einfach besser fühlst, dann mach das unbedingt. Alles, was dich entspannt in die Geburt starten lässt, ist gut.

PACKLISTE KLINIKTASCHE

Für den Kreißsaal

- Nüsse & Trockenfrüchte
- Edelstahlstrohhalm
- Geburtsöl
- MP3-Player mit Geburtshypnose
- Kabellose Over-Ear-Kopfhörer

Für die Mama

- 2 lange, weite Hosen
- 3 lange, weite Oberteile
- 2 Unterziehtops
- dicke Strickjacke
- 2 Paar Socken
- Badelatschen/Hausschuhe
- Periodenunterhosen
- Stoffbinden
- Still-BH
- Stoffstilleinlagen
- Waschlappen
- Handtuch
- Bambuszahnbürste
- Zahnputztabletten
- parfümfreie feste Seife
- Kamm/Bürste

Für das Baby

- Spuck-/Pucktuch
- Babydecke
- Wolle-Seide-Body
- Wollstrumpfhose
- Wollsocken Hose + Oberteil
- Wollmütze
- Overall
- Baby Autoschale

Pack dir am besten zur Erinnerung einen Notizzettel oben auf die Kliniktasche mit dem Hinweis „Ausweisdokumente". Mutterpass, Krankenkassenkarte, Personalausweis und auch das Stammbuch sollten beim Aufbruch in das Krankenhaus oder Geburtshaus noch fix eingepackt werden. Bewahre diese am besten immer am gleichen Platz auf, damit du sie nicht erst suchen musst.

VORBEREITUNGEN FÜR DAS WOCHENBETT

Es ist wirklich ratsam, sich im Wochenbett ausreichend zu entspannen. Zu schnelles Aufstehen und zu viel Bewegung können Schmerzen und Erschöpfung hervorrufen. Um dir diese Entspannung zu ermöglichen, können ein paar Vorbereitungen bereits in der Schwangerschaft sinnvoll sein.

SAISONAL VORKOCHEN UND PLASTIKFREI EINFRIEREN

Du wirst viel Zeit mit dem Kennenlernen deines Babys verbringen. Es füttern, wickeln, kuscheln, tragen. Damit du dich dem voll und ganz widmen kannst, ist es sinnvoll, zeitintensive Tätigkeiten, wie etwa das Kochen, aus dem Kopf zu haben. Vielleicht wirst du das ein oder andere Mal einen Lieferservice in Anspruch nehmen, was vollkommen legitim ist. Um Müll und Zeit einzusparen, kannst du in der Schwangerschaft zusätzlich größere Portionen kochen und davon immer wieder einen Teil einfrieren. Im Wochenbett musst du das saisonal vorgekochte ausgewogene Essen nur noch erwärmen.

Zum Vorkochen und Einfrieren benötigst du nicht zwingend neue Dosen. Das funktioniert prima auch in Altglasgefäßen. Achte nur gerade bei flüssigen Speisen, wie einer Suppe, unbedingt darauf, genügend Platz im Gefäß zu lassen oder den Deckel erst nach einigen Stunden zu verschließen. Bei Minustemperaturen dehnt sich die Flüssigkeit aus und sprengt ansonsten das Glas. Gebäck wie ein Laib Brot kannst du einfach in ein sauberes Küchenhandtuch einschlagen und so einfrieren. Wenn du das Brot vor dem Einfrieren schneidest, kannst du je nach Bedarf die benötigte Menge Scheiben auftauen.

PERIODENUNTERHOSEN UND STOFFBINDEN FÜR DEN WOCHENFLUSS

„Wochenfluss“ ist die Bezeichnung für den blutigen Ausfluss, den deine Gebärmutter nach der Geburt ausscheidet. Intensität und Dauer können von Frau zu Frau und Geburt zu Geburt variieren. So war mein Wochenfluss nach der ersten Geburt deutlich stärker als nach der zweiten. Im zweiten Wochenbett habe ich mich mit Periodenunterhosen und Stoffbinden sehr wohl gefühlt und konnte so auf Wegwerfprodukte komplett verzichten.

In den ersten Tagen ist der Fluss in der Regel am intensivsten und schwächt von da an langsam ab. Daher kann eine Kombination aus Wegwerfprodukten für die Anfangszeit und waschbaren Alternativen für die restlichen Wochen ebenfalls eine gute Lösung für dich sein. Periodenunterhosen und Stoffbinden können nach dem Wochenbett natürlich während der Periode eingesetzt werden und sind somit eine langfristige Investition.

NATÜRLICHE PFLEGE VON GEBURTSVERLETZUNGEN

Eventuelle Geburtsverletzungen werden direkt nach der Geburt entweder von deiner Hebamme oder einem Arzt/einer Ärztin versorgt. Bei schwereren Geburtsverletzungen werden diese vom Fachpersonal nach der Versorgung regelmäßig kontrolliert. Du kannst die Heilung auf natürliche Weise unterstützen.

Das Benutzen von Toilettenpapier kann in den ersten Tagen unangenehm sein. Gib daher ein paar Tropfen Arnika- oder Calendula-Essenz in einen Messbecher mit lauwarmen Wasser. Spüle mit dem Wasser während des Urinierens deinen Intimbereich. Das Wasser verdünnt den Urin, der sonst möglicherweise an die Wunden gekommen wäre. Zudem macht es das Benutzen von Toilettenpapier unnötig. Die enthaltene Essenz fördert die Wundheilung.

DEINE WOCHENBETT-BOX

Damit du während deines Wochenbetts immer alles griffbereit hast, empfehle ich dir, schon während deiner Schwangerschaft eine Box mit den wichtigsten Utensilien zusammenzustellen. Stelle sie am besten schon einmal neben deinem Bett bereit.

WASCHBARE STILLEINLAGEN

In den ersten Wochen muss sich die Milchmenge zunächst noch einpendeln. So habe ich zu Beginn des Wochenbetts meist mehrere Stilleinlagen täglich benötigt, ab dem sechsten Lebensmonat so gut wie keine mehr. Damit ich die Stilleinlagen zwischendurch wechseln konnte, um mich wieder frisch zu fühlen, waren in meiner Box stets Stoffstilleinlagen.

ROSENHYDROLAT

Auf Seite 54 stelle ich dir das Rosenhydrolat genauer vor. In den ersten Tagen und Wochen des Stillstarts war es für mich eine Wohltat, hin und wieder meine Brustwarzen mit dem Rosenhydrolat einzusprühen. Daher war es stets griffbereit in meiner Wochenbettbox.

MÜTZCHEN UND SÖCKCHEN

Falls es ein wenig abkühlt, können auch zu Hause ein dünnes Wollmützchen und Wollsocken dein Baby ideal wärmen. Auch sie sind in der Wochenbett-Box bestens aufgehoben.

KLEINES SPUCKTUCH

Ein kleines Stofftuch ist im Wochenbett vielseitig einsetzbar. Ob für austretende Milch beim Stillen oder Babyspucke, ob als leichte Decke oder Unterlage. In den ersten Tagen hatte ich meist stets ein größeres Spucktuch über der Schulter plus ein zweites kleineres in meiner Wochenbett-Box.

WASSERFLASCHE

Mir fällt es oft schwer, genügend zu trinken. Die Ablenkung durch das neue Familienmitglied machte es mir nicht einfacher. Dabei steigt der Bedarf an Flüssigkeit durch das Stillen. Eine stets gefüllte Wasserflasche in der Wochenbett-Box erleichtert das ausreichende Trinken.

ENERGY BALLS

Neben dem Bedarf an Flüssigkeit steigt auch der Bedarf an Energie. Energy Balls können diese zügig liefern. Die kleinen Bällchen lassen sich auch während des Stillens problemlos nebenbei mit einer Hand essen. Auf Seite 25 findest du drei Rezepte für Energy Balls.

STILLEN

Jede Stillbeziehung erzählt ihre ganz eigene Geschichte. Stillen ernährt dein Kind nicht nur. Stillen bedeutet Geborgenheit, Körpernähe, zur Ruhe kommen. Schon in den ersten Lebensminuten wird dein Baby ganz intuitiv nach deiner Brust suchen. Der Punkt, an dem eure Stillbeziehung beginnt.

STILLBERATUNG

Stillen ist das Natürlichste der Welt. Gleichzeitig ist es etwas, das du nach der Geburt deines ersten Kindes zum ersten Mal tun wirst. Und auch für dein Kind ist es, auch wenn es durch Instinkte geleitet wird, eine neue Erfahrung. Es ist somit völlig normal, dass ihr euch als Team zunächst einspielen müsst, bis das Stillen blind funktioniert. Aufklärung, Wissen und kompetente Unterstützung – durch eine ausgebildete Stillberaterin oder Fachbücher – sind in meinen Augen eine wichtige Basis für einen guten Stillstart und eine schöne Stillbeziehung. Online kannst du auf Websites wie **www.bdl-stillen.de** oder **www.lalecheliga.de** nach einer Stillberaterin in deiner Nähe suchen.

Auch bei meinem zweiten Stillstart haben mir die Videos des YouTube-Kanals **„Global Health Media Project“** geholfen, mir nochmals vor Augen zu führen, wie ich mein Neugeborenes richtig anlege. Durch Stillgruppen in Hebammenpraxen oder Geburtshäusern kannst du dich auch schon vor der Geburt mit stillenden Müttern austauschen und Rat von ausgebildeten Stillberaterinnen erhalten.

Entscheidest du dich bewusst gegen das Stillen oder kannst du nicht stillen, ist das ebenso in Ordnung. Zuneigung und Körpernähe kannst du deinem Kind auch auf anderem Wege bieten.

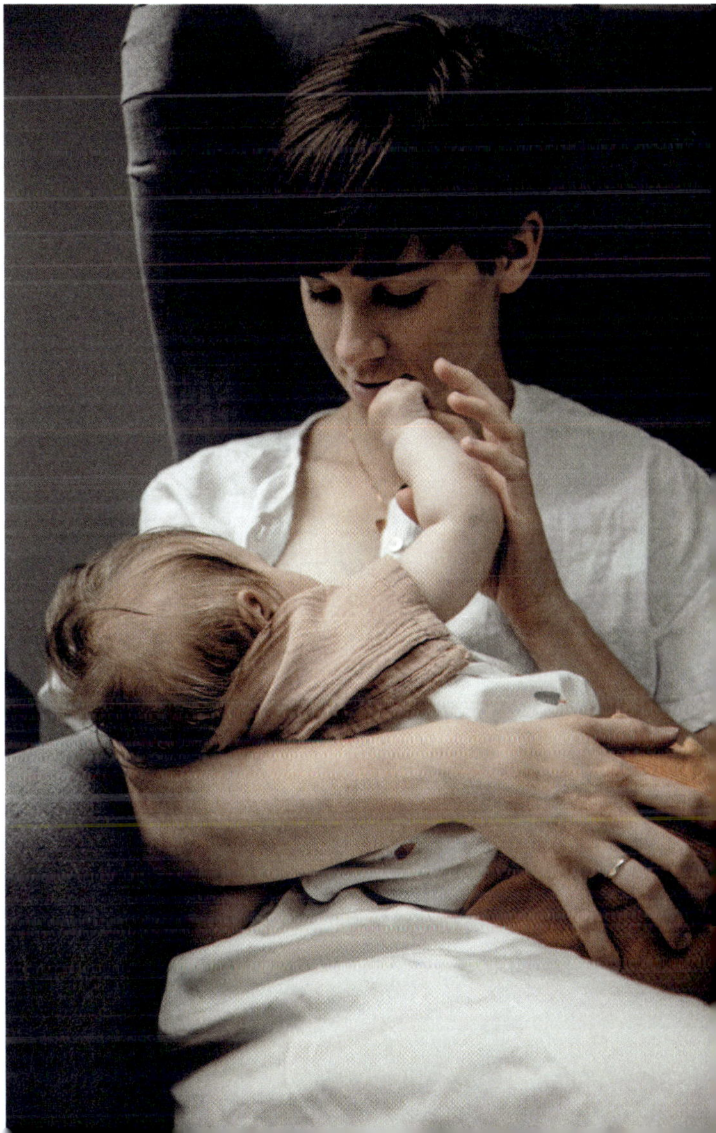

WASCHBARE STILLEINLAGEN

Es ist nicht ungewöhnlich, dass gelegentlich ein wenig Milch aus deiner Brust austritt, ohne dass dein Baby gerade trinkt. Meist geschieht das, wenn das letzte Stillen bereits lange zurückliegt. Oder wenn dein Baby an der einen Brust stillt und durch den Milchspendereflex auch die andere Brust aktiv wird.

Mit waschbaren Stilleinlagen kannst du die austretende Milch auffangen, ohne dass dein Oberteil feucht wird. Die auf der Brust aufliegende Seite der Stilleinlage besteht meist aus saugstarker Baumwolle. Die Außenseite ist in der Regel wasserdicht und besteht entweder aus einem synthetischen Stoff oder aber Wolle. Um die Einlagen zu schonen, sollten sie in einem Wäschenetz gewaschen und an der Luft getrocknet werden.

MÜLLFREIE BRUSTPFLEGE

Im Drogeriemarkt werden Feuchttücher angepriesen, die speziell dafür konzipiert sein sollen, die Brust nach dem Stillen zu reinigen. Solch ein Produkt fällt eindeutig in die Kategorie: braucht kein Mensch. Wie gewohnt duschen reicht vollkommen. Idealerweise mit neutralen Produkten. Etwa einer milden festen Körperseife. Am liebsten riecht dein Baby dich und keine künstlichen Duftstoffe.

Bei leicht gereizten Brustwarzen kannst du zum Rosenhydrolat greifen. Es kommt meist in einer Glasflasche daher und produziert somit kaum Müll. Auf Seite 54 stelle ich es dir genauer vor. Solltest du stark beanspruchte oder gar blutige Brustwarzen haben, frag bitte deine Stillberaterin oder Hebamme um Rat.

HAUSHALTSMITTEL BEI MILCHSTAU

Wenn du merkst, dass sich ein Milchstau anbahnt, kannst du ihn oft mit dem richtigen Anlegen deines Babys und durch Unterstützung einiger Haushaltsmittel abwenden oder lösen. Lass dir von deiner Hebamme oder Stillberaterin zeigen, wie du dein Baby bei einem Milchstau richtig anlegst, und sprich mit ihr über die Haushaltsmittel.

- Kühles Kohlblatt aus dem Kühlschrank
- Quarkwickel
- Retterspitz Äußerlich
- Feuchte, warme Wickel vor dem Stillen (alternativ: warm duschen)
- Kühle, feuchte Wickel nach dem Stillen

VORSICHT Wird ein Milchstau ignoriert, kann sich daraus unter Umständen eine Mastitis – eine Entzündung der Brust – entwickeln. Diese bedarf einer ärztlichen Behandlung und kann mit Fieber und Schüttelfrost einhergehen.

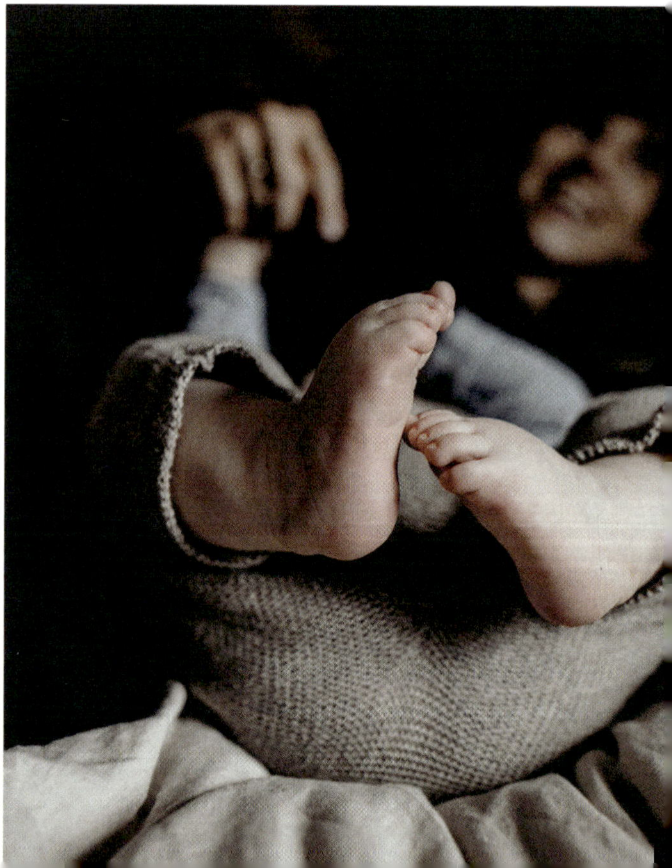

DAS FRÜHE WOCHENBETT: DIE ERSTEN TAGE ZU HAUSE

Egal ob du dein erstes, zweites oder drittes Kind geboren hast – die ersten Lebenstage eines kleinen Menschleins sind immer wieder aufs Neue etwas ganz Besonderes. Deine Hormone hüllen dich vermutlich in eine Babyblase. In den ersten Tagen des Wochenbetts lernt ihr euch kennen.

GEPRÄGT VON RUHE UND GEBORGENHEIT

Mach es dir gemütlich. Zieh deine liebste Bettwäsche auf, dunkle den Raum ab, zünde Kerzen an, hör Entspannungsmusik. Oder lass reichlich frische Luft hinein und genieße die Stille. Tu das, was dir guttut. Du sollst dich geborgen und wohlfühlen. Oft sind es kleine Stellschrauben, die große Veränderung bewirken können. Sprich Punkte, die dir nicht guttun, an, damit diese geändert werden können.

BESUCH

Das Kennenlernen des Babys ist auch für Familienmitglieder und Freunde etwas Besonderes. Doch zu viel Besuch in den ersten Tagen kann schnell zu einer Belastung werden. Das Baby bleibt noch ein Weilchen klein, und das Kennenlernen ist zwei Wochen nach der Geburt ebenso magisch. Kommuniziere daher am besten noch in der Schwangerschaft deine Wünsche. Feste Regeln, die für alle gelten, verhindern, dass sich jemand verletzt fühlt. Beispiele: Nur einmal täglich wird Besuch empfangen, nicht mehr als vier Personen gleichzeitig, nicht länger als 30 Minuten bleiben

ENTLASTUNG

Im Wochenbett ist Entlastung das A und O. Besuche von Familie und Freunden können wunderbar mit Unterstützung verknüpft werden. So kann der Besuch beim Einkaufen die nötigsten Dinge mitbesorgen oder einen großen Topf Suppe kochen. Von dem könnt ihr während des Besuchs essen und den Rest am nächsten Tag warm machen.

GESCHWISTERKIND(ER)

Verbringen Geschwisterkinder in der Anfangszeit viel Zeit mit vertrauten Bezugspersonen, kannst du dich in Ruhe von der Geburt erholen. Ausflüge, Spielplatzbesuche & Co. bereiten den älteren Kindern gewiss viel Freude. Gleichzeitig habe ich meine große Tochter von Beginn an einbezogen. Sie hat beim Wickeln geholfen, oder wir haben alle zusammen im Bett gemütlich Bücher gelesen.

BABY BLUES

Lass dich nicht verunsichern, wenn du nicht unentwegt auf Wolke sieben schwebst. Es ist sogar eher unwahrscheinlich, dass das stets der Fall sein wird. Es ist völlig normal, dass es im Wochenbett Höhen und Tiefen gibt und, allein hormonell bedingt, auch Tränen fließen werden. Sprich deine Gefühle, Sorgen und Ängste gegenüber deiner Hebamme oder deinem*er Partner*In an. In ein einigen Fällen kann sich ein sogenannter „Baby Blues" zu einer Wochenbettdepression entwickeln. Das ist eine ernstzunehmende Krankheit, wegen der du dich nicht schlecht fühlen musst, dir jedoch fachliche Unterstützung suchen solltest.

MENTALE GEBURTSVORBEREITUNG DURCH SELBSTHYPNOSE

KRISTIN GRAF
Mentaltrainerin und staatlich geprüfte Heilpraktikerin
für Psychotherapie

www.die-friedliche-geburt.de @die.friedliche.geburt

Kristin Graf ist Mutter von drei Kindern und arbeitet seit fast zwanzig Jahren als Mentaltrainerin. Mit der Zeit kamen einige weitere Ausbildungen hinzu: Hypnoseausbildungen, Ausbildung in Thetafloating, Lehrgänge in der Meridianenergietechnik M.E.T., Ausbildung in der medizinischen Ganzkörpermassage. Zudem ist Kristin staatlich geprüfte Heilpraktikerin für Psychotherapie.

Die Geburten der drei Kinder von Kristin hätten unterschiedlicher kaum verlaufen können. Die beiden ersten Geburten empfand die Mentaltrainerin als anstrengend und schmerzvoll. So kam der Impuls auf, bei der dritten Geburt etwas grundlegend anders machen zu wollen. Ihr fiel es wie Schuppen von den Augen: All ihr Wissen als Mentaltrainerin lässt sich auch auf eine Geburt übertragen. So entwickelte sie gegen Ende ihrer dritten Schwangerschaft die Methode „Die Friedliche Geburt". Die dritte Geburt erlebte Kristin mit der Methode als selbstbestimmt, still und tatsächlich vollkommen schmerzfrei.

Heute gibt Kristin ihr Wissen kostenlos in einem Podcast weiter und unterrichtet ihre Methode regelmäßig in Live-Seminaren in Berlin. Zudem bietet sie einen Online-Kurs an, der es schwangeren Frauen ganz ortsunabhängig ermöglicht, ihre Methode zu lernen. Kristins Wunsch: „Mein Traum ist es, dass alle Frauen eine selbstbestimmte und glückliche Geburt erleben dürfen."

Was zeichnet deine Methode „Die Friedliche Geburt" aus?

Mir ist es besonders wichtig, den Frauen einen wirklich guten Leitfaden an die Hand zu geben, mit dem sie eine Geburt gut meistern und als etwas Positives erleben können. Eine Geburt ist ein so komplexes und besonderes Erlebnis, dass es kaum möglich ist, auf alle Eventualitäten einzugehen. Dennoch bemühe ich mich sehr, schwangeren Frauen eine Methode beizubringen, mit deren Hilfe auch überraschende Ereignisse gut gemeistert werden können. Eine als selbstbestimmt erlebte Geburt ist den meisten Frauen besonders wichtig, und auch eine PDA kann Teil dieses Weges sein. Ich bin nicht dogmatisch, sondern finde es wichtig, dass Frauen lernen, wie sie eine Geburt positiv erleben können und trotzdem offen bleiben für den Fall, dass sie medizinische Hilfe benötigen sollten. Für mich gehört es zur Selbstbestimmung dazu, dass Frauen unter Geburt ohne Versagensgefühle auch um eine PDA bitten können.

Darüber hinaus liegt mir auch ein gutes Verhältnis zu Hebammen, Ärzten und Ärztinnen sehr am Herzen. Ich glaube, eine gute Geburtsbegleitung kann nur dann gelingen, wenn wir uns aufeinander zubewegen, wenn jede*r den oder die anderen achtet und respektiert und die Frauen auch Vertrauen in die Geburtsbegleiter*innen haben.

Wie wirkt Hypnose?

Hypnose ist ein Zustand, den wir durchaus kennen. Wir erleben ihn beispielsweise beim Einschlafen oder Aufwachen oder wenn wir im Kino sitzen und die Welt um uns herum nicht mehr wahrnehmen. Hypnose ist so etwas wie eine „Superkonzentration", bei der wir alles ausblenden, was nicht mit dem in Zusammenhang steht, worauf diese besondere Form der Konzentration ausgerichtet ist.

Im hypnotischen Zustand schwingen unsere Hirnwellen langsamer, und auch unser Schmerzempfinden kann sich ändern. Schmerzreize werden vom Gehirn sozusagen nicht mehr richtig verarbeitet, und manchmal kann es so weit gehen, dass wir gar keinen Schmerz mehr spüren. Viele Menschen kennen das von sportlichen Wettkämpfen, wenn eine Verletzung erst später bemerkt wird, weil erst dann auch ein Schmerz zu spüren ist.

Dieses Phänomen wird sich auch an manchen Kliniken bei Operationen zunutze gemacht. Wenn beispielsweise ein Patient keine Narkosemittel verträgt, kann Hypnose als Ersatz für ein medikamentöses Schmerzmittel eingesetzt werden. Die Patienten empfinden dann in der Regel keinen Schmerz bei der OP. Allerdings ist diese Art der Anästhesie recht fragil und benötigt viel Zeit und Ruhe, daher wird sie nur selten eingesetzt.

Ein weiterer wichtiger Punkt ist, dass wir im hypnotischen Bewusstseinszustand sehr gut mit unserem Unbewussten in Kontakt kommen. Daher kann Hypnose auch therapeutisch angewendet werden, um beispielsweise Verhaltensweisen zu ändern, die störend sind, die wir aber nicht durch Willenskraft abstellen können. Rauchen ist hier ein mögliches Einsatzgebiet der Hypnosetherapie oder Übergewicht. Aber auch die Angst vor dem Zahnarzt oder Flugangst kann in der Regel sehr gut behandelt werden.

Warum ist eine Geburt unter Hypnose so sinnvoll?

Es ist wirklich erstaunlich, wie sehr sich das Empfinden während einer Geburt unter Hypnose von dem Empfinden ohne Hypnose unterscheidet. Ich habe beides erlebt und kann es manchmal selbst kaum glauben, denn die beiden Geburten ohne Hypnose waren unfassbar schmerzvoll. Im Gegensatz dazu habe ich bei meiner dritten Geburt durch Hypnose gar kein Schmerzempfinden gehabt. Nur ein sehr starkes Gefühl von Druck und Dehnung, aber ich habe mich die ganze Zeit stark und selbstbestimmt gefühlt.

Daher finde ich es außerordentlich sinnvoll, eine Geburt in Hypnose zu erleben. Es kann einfach alles verändern, nicht nur für die Mutter, sondern auch für das Baby und den anderen Elternteil. Nach einer kraftvollen, aber positiven Geburt ist der ganze Start ins Leben ein anderer, auch das Wochenbett wird anders erlebt, und statt Schwäche und Versagensgefühlen können Gefühle von Stolz und Stärke die Familie begleiten.

Können auch Kopfmenschen die Selbsthypnose erlernen?

In den allermeisten Fällen: ja. Selbsthypnose zu lernen ist wie ein Muskeltraining, je mehr wir trainieren und üben, desto besser gelingt es uns, desto stärker wird sozusagen der „Hypnosemuskel". Es gibt natürlich auch Naturtalente, die kaum Übung benötigen, und diesen Zustand einfach so abrufen können. Aber auch Frauen, denen es anfangs schwerer fällt, finden mit einer guten Anleitung und regelmäßigem Üben mit der Zeit gut und sicher in den Zustand tiefer Hypnose und können ihn auch unter Geburt gut abrufen.

Aber wie gesagt, eine Geburt ist ein so unvorhersehbares Ereignis, dass manchmal Umstände dafür sorgen können, dass eine Gebärende trotz guter Vorbereitung rauskommt und nicht wieder hineinfinden kann. Hier ist es dann wichtig, sich keine Vorwürfe zu machen, sondern auf einen gut ausgearbeiteten Plan B zurückzugreifen. Wenn wir so an eine Geburt herangehen, mit diesem Sicherheitsnetz eines Plan B, nehmen wir uns selbst den Druck, und die Wahrscheinlichkeit, dass wir diesen Plan B gar nicht benötigen, steigt enorm.

Interessant ist vielleicht noch, dass die Fähigkeit, sich willentlich in einen Bewusstseinszustand tiefer Hypnose versetzen zu können, kein esoterischer Ansatz ist. Leider entsteht manchmal ein anderer Eindruck, weil viele spirituelle Menschen offener sind für diese Form der mentalen Arbeit. Daher wird das Erlernen einer Hypnosetechnik manchmal mit Glaubenskonzepten verknüpft, was aber gar nicht notwendig ist. Gerade kopfgesteuertere Menschen, häufig auch Ärztinnen, suchen daher oft nach einem wissenschaftlichen Zugang zu diesem Thema und einer neutraleren Methode, diese Technik zu erlernen. Darum achte ich in meinen gesprochenen Hypnosen darauf, dass auch sogenannte „Kopfmenschen" gut mitgehen und sich aufgehoben fühlen können.

Wie wirkt sich die mentale Geburtsvorbereitung bereits auf die Schwangerschaft aus?

Da der hypnotische Bewusstseinszustand unter anderem auch stressreduzierend wirkt, ist es natürlich wunderbar, wenn sich schwangere Frauen regelmäßig auf diese Weise etwas Gutes tun. Die meisten Schwangeren verlieren während einer guten mentalen Geburtsvorbereitung auch ihre Angst vor der Geburt. Stattdessen freuen sie sich mehr und mehr auf dieses besondere Ereignis in ihrem Leben, und das verändert natürlich vieles in der Schwangerschaft. Weniger Stresshormone werden ausgeschüttet, stattdessen mehr Glückshormone wie beispielsweise Endorphine, und diese wandern ja auch über die Nabelschnur zum Baby.

Viele der Frauen, die ich begleiten darf, berichten mir, dass sie die ganze Schwangerschaft als positiver und entspannter erleben. Sie haben oft schon sehr früh einen guten Kontakt zu ihrem Baby, den sie genießen, und häufig schreien die Babys auch weniger, wenn sie dann geboren sind, wirken entspannt und zufrieden. Insgesamt scheinen Schwangerschaft, Geburt und Wochenbett als sanfter und glücklicher empfunden zu werden.

STILLTEE

Durch das Stillen steigt dein Bedarf an Flüssigkeit. Viel trinken ist daher besonders wichtig. Da einige Kräuter in Tees die Milchbildung hemmen können, sind im Stilltee ausschließlich Zutaten enthalten, die sich eher positiv auf die Milchbildung auswirken.

DIY

ZUTATEN

Fenchel
Anis
Kümmel
Melisse

SO GEHT'S

1. Gib jeweils einen Teelöffel der Zutaten in einen Mörser und zerstoße sie sanft, damit sie ihre volle Wirkung entfalten können.
2. Gib die Mischung nun in ein Tee-Ei oder ähnliches Hilfsmittel.
3. Übergieße die Zutaten mit kochendem Wasser und lass den Tee 10 Minuten ziehen.

TIPP

Solltest du dir eine gewisse Menge des Tees auf Vorrat anmischen wollen, achte darauf, dass kleinere Bestandteile nach unten durchrutschen. Daher vor dem Aufgießen des Tees unbedingt noch einmal durchmischen.

OVERNIGHT-OATS

DIY

VEGANES POWER-FRÜHSTÜCK IM WOCHENBETT

Ein gutes Frühstück legt oft den Grundstein für den Tag. Mit den Overnight-Oats kannst du ganz entspannt in den Morgen starten. Die Zutatenkomponenten lassen sich zudem austauschen, sodass die Nährstoffaufnahme ebenfalls variiert.

ZUTATEN

5 EL / 40 g feine Haferflocken
100 ml Hafermilch
1 TL Zimt
3 EL Sojajoghurt
frische Beeren / anderes Obst
Nüsse und Samen

SO GEHT'S

1. Gib die Haferflocken in ein Glas und mische sie mit der Hafermilch und dem Zimt. Stelle das Glas über Nacht in den Kühlschrank.
2. Rühre den Haferbrei am Morgen nochmals durch.
3. Gib nun den Sojajoghurt, das Obst, die Nüsse und die Samen auf den Brei.

INSPIRATION

Das könnte alles in deinen Overnight-Oats landen: Mandelsplitter, Kokosraspeln, Bananenchips, Leinsamen, Chiasamen, gehackte Haselnüsse, Pistazien, Hanfsamen, Flohsamenschalen, Walnüsse oder diverse Obstsorten.

BABY

Im ersten Lebensjahr wächst dein Baby so schnell wie in keinem anderen Lebensabschnitt. Am Anfang ist es winzig klein und kann nur einige Zentimeter weit verschwommen sehen. Um den vierten Lebensmonat herum kann es sich eigenständig vom Rücken auf den Bauch drehen, zum ersten Geburtstag vielleicht sogar auf eigenen Beinen stehen.

Im Alltag mit Baby ist „alles nur eine Phase“. Entsprechend schnell können sich Bedürfnisse ändern. Diese Tatsache mag dazu verleiten, vermeintliche Notwendigkeiten für die unterschiedlichsten Situationen anzuschaffen. Der Babymarkt wimmelt nur so von Spezialprodukten für all diese Situationen. Die meisten davon benötigst du nicht. Mit einer nachhaltigen Erstausstattung kannst du Ressourcen schonen und Geld sparen.

Da jede Familie andere Bedürfnisse hat, dient die Liste für die Erstausstattung in diesem Buch lediglich der Inspiration. Teil deiner Erstausstattung werden vielleicht **Stoffwindeln** sein. Wenn du dich das erste Mal mit dem Thema beschäftigst, magst du dich von der großen Auswahl regelrecht erschlagen fühlen. Zum Einstieg stelle ich dir die unterschiedlichen Systeme und Materialien vor. Ich gebe dir zudem einen kleinen Einblick in die Waschroutine unserer Stoffwindeln.

In Kombination mit den Stoffwindeln praktizieren wir von den ersten Lebensmonaten an **„Windelfrei“**. Möglicherweise ist dir diese Methode bereits unter dem Begriff „Abhalten“ begegnet. Ich erkläre dir, was sich dahinter verbirgt, und gebe dir praktische Tipps mit an die Hand.

Ein für mich elementares Element im ersten Babyjahr ist das **Tragen**. Auch dazu findest du ein paar Worte in diesem Kapitel neben den Naturheilkunde-Tipps und den Alternativen zu Babyprodukten aus Plastik.

Abgerundet wird das Kapitel durch das Expertinnen-Interview mit Susanne Mierau. Susanne ist Diplom-Pädagogin mit dem Schwerpunkt Kleinkindpädagogik, Familienbegleiterin und Mutter von drei Kindern. Im Interview beantwortet sie einige Fragen zum Thema **Babyschlaf**.

NACHHALTIGE ERSTAUSSTATTUNG

Gerade beim ersten Kind weiß man oft noch nicht genau, wie die eigenen Bedürfnisse exakt aussehen werden. Trotz minimalistischer Erstausstattung haben auch wir zu viel angeschafft. Rückblickend habe ich unsere Liste ein wenig angepasst. Sie kann dir als Inspiration für deine eigene Erstausstattung dienen.

WARTEN BIS DAS BABY DA IST

Bei vielen Anschaffungen macht es Sinn zu warten, bis das Baby da ist, um das neue Familienmitglied und seine Bedürfnisse kennenzulernen. Das ideale Tragesystem etwa findest du am ehesten, wenn du es gemeinsam mit deinem Kind testen kannst. Letztlich ist neben den Dingen auf der Erstausstattungsliste alles weitere fix besorgt. Durch das Abwarten können Fehlkäufe minimiert werden.

ERSTAUSSTATTUNG AUS ZWEITER HAND

Weil sie so schnell wachsen, werden die ersten Kleidungsstücke von Babys nur wenige Wochen getragen. Secondhand-Babykleidung ist daher meist in einem hervorragenden Zustand. Eine Erstausstattung aus zweiter Hand ist nicht nur deutlich nachhaltiger, sie schont auch den Geldbeutel. In vielen Städten gibt es spezielle Kinderflohmärkte, auf denen du gewiss fündig wirst. Pfarrheime sind dafür stets eine gute Anlaufstelle. Auch online kannst du auf Plattformen wie **Mamikreisel** alles rund um die Erstausstattung gebraucht finden. Höre dich zudem einmal im Familien- und Freundeskreis um.

ZWECKENTFREMDEN

Einiges kannst du ganz einfach zweckentfremden. So brauchst du keine spezielle Babybadewanne, sondern kannst zum Baden deines Babys ebenso zu einem geschlossenen Wäschekorb in entsprechender Größe greifen. Alte Handtücher erfüllen den gleichen Zweck wie spezielle Wickelunterlagen. Als Wickelrucksack oder Wickeltasche kann ein Rucksack oder eine Tasche herhalten, der oder die bereits im Haushalt vorhanden ist. Oder falls ein neuer Rucksack zu diesem Zweck angeschafft wird, kann er danach als herkömmlicher Rucksack weitergenutzt werden. Eine gewöhnliche Kommode kannst du zudem mit einem Aufsatz in wenigen Handgriffen zu einer Wickelkommode umfunktionieren.

NACHHALTIGE ERSTAUSSTATTUNG:

LISTE ZUM ABHAKEN

MÖBEL	
Wickelkommodenaufsatz	
Mitwachsender Hochstuhl	

PFLEGE	
Baby-Badewanne	
Stoffwindeln	
Waschlappen	
Wetbag	
Nagelschere	
Fieberthermometer	
Kirschkernkissen	
Heilwolle	
Rosenhydrolat	
Mandelöl	

SCHLAFEN	
Schlafsack x 2	
Babynest / Federwiege	
Babydecke	

UNTERWEGS	
Kinderwagen	
Tragetuch	
Autobabyschale	
Wickelrucksack/-tasche	
Mini-Wetbag	

KLEIDUNG	
Wickelbody x 6	
Hose x 3	
Pullover x 5	
Strampler x 3	
Mützchen x 2	
Socken x 3	
Strumpfhose x 2	

SONSTIGES	
Stillkissen	
Spucktücher x 6	

NATÜRLICHE BABYPFLEGE

In den ersten Wochen benötigt die zarte Babyhaut in der Regel keinerlei Pflegeprodukte. Reines Wasser genügt meist zum sanften Reinigen. Treten doch einmal trockene Hautstellen oder ein wunder Po auf, habe ich für diese Fälle drei natürliche Allrounder schätzen gelernt.

ROSENHYDROLAT

Ein Rosenhydrolat wirkt entzündungshemmend, abschwellend und feuchtigkeitsspendend. Es kann auf trockene Hautstellen oder den wunden Babypo gesprüht werden. Auch den Bauchnabel haben wir damit gepflegt, kurz nachdem die Nabelschnur abgefallen ist.

Zu Beginn meiner zweiten Stillzeit habe ich regelmäßig meine Brustwarzen mit dem Rosenhydrolat eingesprüht, was sehr wohltuend war. Da das natürliche Hydrolat unbedenklich ist, muss es vor dem nächsten Stillen nicht abgewaschen werden. Wunde Brustwarzen konnte ich, im Gegensatz zu meiner ersten Stillzeit ohne Hydrolat, so vermeiden. Meine Gesichtshaut war durch die Hormonumstellung nach der Geburt zudem sehr trocken. Ein Spritzer Rosenhydrolat hat das Spannungsgefühl der Gesichtshaut sofort gemindert.

Wo kann ich das kaufen? Ich bin mit dem Rosenhydrolat der Bahnhof-Apotheke sehr zufrieden. Dieses kann man online kaufen. Dort findest du viele weitere Naturheilmittel. Alternativ kannst du in deiner Apotheke vor Ort nachfragen.

MANDELÖL

Mandelöl ist ein wunderbarer Badezusatz, falls die Haut deines Babys schnell trocken wird. Dazu einfach ein paar Tropfen Öl ins Badewasser geben. Hat dein Baby bereits viele Haare, kannst du das Mandelöl alternativ nach dem Baden als Körperöl einsetzen. So werden die Haare nicht ölig. Das Einölen kannst du ganz wunderbar mit einer sanften Körpermassage verbinden.

Auch einen empfindlichen Windelbereich kann das Öl pflegen. Ein paar Tropfen Mandelöl auf einem Waschlappen erleichtern das Reinigen des Intimbereichs nach dem Ausscheiden.

Es ist nicht ungewöhnlich, dass sich in den ersten Lebenswochen gelbe Schüppchen auf der Kopfhaut von Babys bilden. Dabei handelt es sich um den so genannten „Kopfgneis". Um diesen zu entfernen, kann die Kopfhaut sanft mit reichlich Mandelöl eingerieben werden. Über Nacht einwirken lassen, am nächsten Tag ausspülen und mit einem sanften Tuch die Schuppen abnehmen. **Achtung:** Den „Kopfgneis" bitte nicht mit der Krankheit „Milchschorf" verwechseln. Bei Unsicherheiten den/die Kinderarzt*ärztin aufsuchen.

Nicht nur in der Babypflege ist Mandelöl ein wahrer Allrounder. Auch im Erwachsenenalter kann es prima als Gesichtsöl oder Pflege für trockene Haarspitzen eingesetzt werden.

Wo kann ich das kaufen? Hochwertiges Mandelöl findest du im Bio-Supermarkt oder im Reformhaus.

HEILWOLLE

Heilwolle ist naturbelassene Schafswolle, die das üblicherweise ausgewaschene Wollfett noch enthält. Das Fett wirkt beruhigend, entzündungshemmend und durchblutungsfördernd. Die Wolle selbst ist zudem extrem feuchtigkeitsaufsaugend.

Bei uns findet die Wolle meist bei einem geröteten oder wunden Po Einsatz. Dazu zunächst den Windelbereich säubern und trocknen. Nun eine etwa golfballgroße Menge abzupfen und die Wolle direkt auf die betroffene Stelle legen. Die Windel im Anschluss wie gewohnt schließen. Bei jedem Wickeln die Wolle austauschen und benutze Wolle stets entsorgen.

Auch bei offenen und nässenden Wunden kann Heilwolle eingesetzt werden. In diesem Fall ein Stück Mullbinde zwischen Wunde und Wolle legen, damit die feinen Wollhärchen nicht in die Wunde gelangen.

Bei wunden Brustwarzen durch das Stillen verschafft ein wenig Heilwolle im BH ebenso Linderung.

Ein wärmendes, kribbelndes bis leicht juckendes Gefühl auf der Haut ist bei der Anwendung von Heilwolle nicht untypisch. Dieses Gefühl hängt mit der verstärkten Durchblutung zusammen und zeigt, dass die Wolle zu wirken beginnt.

Wo kann ich das kaufen? Heilwolle findest du im Drogeriemarkt oder in Apotheken.

STOFFWINDELN

Mit Stoffwindeln spart man im Vergleich zur Verwendung von Wegwerfwindeln eine Menge Müll ein. Das liegt auf der Hand. Doch welche weiteren Vorteile bringen Stoffwindeln mit sich? Wie findest du das passende Stoffwindelsystem? Und wie werden die Stoffwindeln gewaschen?

AUS WELCHEM MATERIAL SIND EIGENTLICH WEGWERFWINDELN?

Die Außenhülle besteht meist aus Polyethylen (PE) und der Saugkörper aus Zellstoffmaterial, wasserdichten Vliesen und einer Schutzfolie. Letztere enthalten die Kunststoffe Polypropylen (PP) und Polyethylen (PE). Bei modernen Windeln wird zudem in der Regel mit mehreren Lagen Superabsorber gearbeitet, die mit Polymersalzen angereichert sind. Für die Herstellung von 12 Gramm Superabsorber benötigt man 5 Gramm Erdöl, also fast die Hälfte. Aufgrund des hohen Kunststoffanteils können bis zu 500 Jahre vergehen, ehe eine Wegwerfwindel vollständig verrottet ist. Außerdem wird für die Erzeugung des Plastikmaterials enorm viel Erdöl benötigt, was wiederum kein nachwachsender Rohstoff ist. Viele Wegwerfwindeln sind zudem mit Lotions angereichert. Diese stellen für die Haut des Kindes und die Umwelt eine zusätzliche Belastung dar.

KOSTENVERGLEICH

Zwar mögen die Anschaffungskosten für Stoffwindeln auf den ersten Blick hoch erscheinen, doch auf die gesamte Wickelzeit sind Stoffwindeln deutlich günstiger als Wegwerfwindeln. Es gibt ein breites Angebot an unterschiedlichen Stoffwindelsystemen. Ähnlich breit sind die Preisspannen für die Anschaffungskosten. Da es auch auf dem Gebrauchtmarkt gut erhaltene Exemplare zu kaufen gibt, liegen die Anschaffungskosten für eine komplette Ausstattung zwischen 400 und 900 Euro. Bis ein Kind trocken ist, benötigt es im Schnitt um die 5000 Wegwerfwindeln. Pro Stück kostet eine durchschnittlich 34 Cent. Insgesamt werden je Kind also etwa 1.700 Euro für Windeln ausgegeben. Rechnet man zu den Anschaffungskosten der Stoffwindeln einen leicht erhöhten Strom- und Wasserverbrauch hinzu, können durch diese dennoch mehrere Hundert Euro eingespart werden. Zudem werden Stoffwindeln in einigen Städten mit einem einmaligen Zuschuss von bis zu 100 Euro gefördert.

STOFFWINDELBERATUNG

Jede Familie hat unterschiedliche Bedürfnisse und Vorlieben. Somit gibt es nicht das eine Windelsystem, das für alle gleich gut passt. Eine Stoffwindelberatung macht daher durchaus Sinn. Angeboten wird die Beratung von ausgebildeten Stoffwindelberater*innen in Form eines persönlichen Treffens oder auch in Online-Kursen. Das persönliche Treffen bietet den Vorteil, unterschiedlichste Systeme genauer unter die Lupe nehmen zu können und oftmals auch im eigenen Alltag vor dem Kauf zu testen.

STOFFWINDELN MIETEN

Online gibt es eine Vielzahl an Anbietern, die Stoffwindeln vermieten, statt diese zu verkaufen. Finanziell lohnt sich diese Methode eher zum Testen der unterschiedlichen Systeme und Stoffe, statt über die gesamte Wickelzeit zu mieten. Wer ein wenig Geld sparen möchte, kann sich auf dem Gebrauchtmarkt umsehen und die Windeln bei guter Pflege nach der Wickelzeit dort auch wieder verkaufen.

HINWEIS

Einige Miet-Anbieter bieten einen Waschservice samt wöchentlicher Abholung und Lieferung der Windeln an.

VORTEILE FÜR DAS KIND

Durch das Tragen von Stoffwindeln bleibt Kindern ihr gutes Körpergefühl erhalten. Wenn sie urinieren, spuren sie genau was passiert: es wird feucht. In Wegwerfwindeln bleibt der Windelbereich hingegen meist über Stunden hinweg trocken. Viele Kinder verlieren daher zunächst das Gefühl für ihre Ausscheidungen.

Die in den Wegwerfwindeln enthaltenen Lotionen reizen die Babyhaut oftmals. Weiche Stoffwindeln hingegen eignen sich auch für empfindliche Babyhaut, und der Po wird seltener wund durch die sanften Einlagen.

STOFFWINDELN IN DER KITA

Wir haben sehr positive Erfahrungen gesammelt mit dem Verwenden von Stoffwindeln in Fremdbetreuung. Ein Tipp dazu von mir: Das Gespräch idealerweise mit einer offenen und positiven Frage beginnen. „Wir verwenden Stoffwindeln – darf ich dir/euch einmal zeigen, wie einfach das geht?“ Zudem finde ich es wichtig, über die eigene Motivation zu sprechen. Erkläre, warum ihr auf Stoffwindeln zurückgreift. Das fördert das Verständnis.

Die Stoffwindeln sollten stets fertig vorbereitet an die Erzieher*innen übergeben werden. Am einfachsten in der Handhabung sind All-In-One-Windeln im Kita-Alltag. Mehr zu den unterschiedlichen Systemen und ihren jeweiligen Vorteilen findest du auf der nächsten Seite.

ÖKOBILANZ DER STOFFWINDELN ZUSÄTZLICH VERBESSERN

Mit Stoffwindeln kannst du eine Menge Müll einsparen. Um ihre Ökobilanz zusätzlich zu verbessern, kannst du auf einige Punkte achten:

- Strom für die Waschmaschine über einen Ökostromanbieter beziehen.
- Nicht über 60 °C waschen, um Energie zu sparen.
- An der Luft trocknen statt im Trockner.
- Ein Ökowaschmittel verwenden.
- Ein All-in-3-System wählen, da damit weniger Wäsche anfällt.
- Beschädigte Windeln nach Möglichkeit reparieren, statt sie zu entsorgen.
- Stoffwindeln für Geschwisterkinder erneut verwenden oder gut erhalten verkaufen.

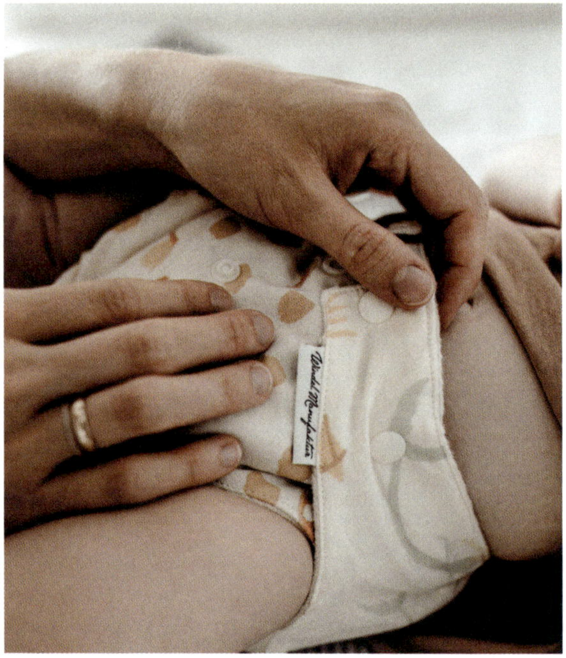

DIE STOFFWINDELSYSTEME IM VERGLEICH

Höschenwindel, Snap-in-One, Pocket-Windel – dir werden viele verschiedene Systeme bei der Suche nach den für euch optimalen Stoffwindeln begegnen. Sämtliche Systeme lassen sich einer dieser drei Oberkategorien zuordnen. Gerne möchte ich dir die Kategorien sowie die jeweiligen Vor- und Nachteile im Überblick vorstellen.

ALL-IN-ONE	
Fakten	Dieses Modell gleicht der Wegwerfwindel in der Handhabung am stärksten. Die Saugeinlagen sind fest vernäht mit der Überhose. Nach der Benutzung wird die komplette Windel gewaschen.
Pro	Einfache Handhabung und meist besonders hoher Tragekomfort.
Contra	Hohes Waschaufkommen, es werden viele Windeln benötigt.
ALL-IN-TWO	
Fakten	Bei den All-in-two Windeln werden in die Außenwindel eine oder mehrere Saugeinlagen gelegt, eingesteckt oder fest geknöpft. Ist nur der Saugkern nass oder beschmutzt, kann die Außenwindel nochmals genutzt werden.
Pro	Gesteigerte Flexibilität, da die Windeln meist individuell bestückt werden können.
Contra	Erhöhtes Waschaufkommen, da oftmals auch die Außenwindel beschmutzt wird.
ALL-IN-THREE	
Fakten	Dieses Modell besteht aus einer oder mehreren Saugeinlagen, einer wasserdichten Innenwindel und einer Außenwindel. Durch die zusätzliche Innenwindel muss die Außenwindel kaum gewaschen werden. Die Innenwindel muss zudem oftmals einfach nur feucht ausgewischt werden.
Pro	Hohe Flexibilität, geringes Waschaufkommen.
Contra	Im Vergleich zu den anderen Systemen etwas komplizierter in der Handhabung.

DIE MATERIALIEN IM VERGLEICH

EINLAGEN	
Baumwolle	Baumwolle ist eine Naturfaser, die Flüssigkeit schnell aufsaugt. Vergleichsweise nimmt sie aber wenig Flüssigkeit auf. Einlagen aus Baumwolle müssen daher öfter gewechselt werden. Baumwolleinlagen können problemlos mit hohen Temperaturen gewaschen werden, und es ist kein spezielles Waschmittel notwendig. Alte Baumwollhandtücher & Co. können prima als Saugeinlage umfunktioniert werden.
Baumwoll-frottee	Da Baumwollfrottee hochflorig – sprich die oberste Schicht ist mit langen Garnen versehen – ist, sind Einlagen aus diesem Material saugfähiger und etwas weicher als die aus herkömmlichem Baumwollstoff.
Bambus-viskose	Bambus wächst extrem schnell und benötigt keinen Dünger. Die gewonnene Bambusviskose ist eine Naturfaser, die viel Flüssigkeit aufnehmen kann. Allerdings saugt sie langsamer als Baumwolle, was bei viel Urin auf einmal zum Überlaufen führen kann, obwohl die Einlage noch Saugkapazität gehabt hätte. Die Herstellung von Viskose ist aufwendig und wenig umweltfreundlich. Aus Kostengründen wird den Einlagen oft ein Kunstfaseranteil beigemischt. Bambus-Einlagen dürfen nicht mit cellulasehaltigen Waschmitteln oder Gallseife gewaschen werden, da diese die Fasern zerstören.
Fleece	Fleece ist ein dünner, weicher, synthetischer Stoff aus Mikrofaser. Fleece-Einlagen nehmen keinen Urin auf, sondern geben diesen sofort an die unteren Einlagen weiter. So bleibt der Babypo trocken. Optimal für Babys, die auf Nässe in der Windel mit einem wunden Po reagieren. Anstatt neue Fleece-Einlagen zu kaufen, können alte Fleecedecken zugeschnitten und als Einlage verwendet werden.
Hanf	Diese Naturfaser ist besonders umweltfreundlich im Anbau, und Einlagen aus Hanfstoff saugen mehr Flüssigkeit auf als Baumwolle oder Bambus. Oft enthalten die Einlagen einen Baumwollanteil, was sie geschmeidiger macht. Das Material ist robust, pflegeleicht und langlebig. Optimal geeignet für Allergiker. Die Einlagen können problemlos bei hohen Temperaturen gewaschen werden. Allerdings darf man kein Pulverwaschmittel mit Rieselhilfe verwenden. Nach dem Trocknen ist Hanfstoff recht hart und sollte daher gut durchgeknetet werden, um ihn angenehmer zum Tragen machen.
Mikrofaser	Mikrofaser wird meist aus synthetischen Stoffen hergestellt, wodurch das Material vergleichsweise günstig in der Produktion ist. Das Material ist außergewöhnlich weich und formbeständig. Mikrofasereinlagen haben eine hohe Saugleistung. Bei Druck, etwa beim Tragen im Tragetuch, wird Flüssigkeit jedoch wieder abgegeben. Auf der Haut wird Mikrofaser meist eher als unangenehm empfunden. Das Material nimmt Hautfette oder auch Cremereste auf. Diese legen sich wie ein dünner Film über die Einlage, was die Aufnahmefähigkeit vermindert. Nicht bei hohen Temperaturen waschen.
Minky	Minky ist ein fleeceartiger Stoff, der aus Polyester hergestellt wird, also eine synthetische Faser. Der Stoff ist saugstark und trocknet gleichzeitig schnell. Auf der Haut fühlt er sich weich und angenehm an.
Seide	Seide ist außergewöhnlich sanft und daher für besonders empfindliche Haut optimal. Gleichzeitig ist sie sehr pflegeintensiv und nicht sonderlich saugstark. Daher sollten Seideeinlagen als oberste Schicht in Kombination mit anderen Einlagen verwendet werden.
Vlies	Windelvlies ist ein Einwegprodukt aus Zellulosefasern, das zu 100 % biologisch abbaubar ist. Das Vlies ist keine saugende Einlage – sie schützt die Windel lediglich vor groben Verschmutzungen als oberste Schicht. Das Material gehört nach Verwendung in den Mülleimer, nicht in die Toilette. Die meisten Vliese halten mehrere Waschgänge, ohne zu reißen, durch, was Kosten und Müll einspart.
Zellstoff	Wegwerfeinlagen für Stoffwindeln bestehen meist aus Zellstoff. Einige Familien greifen auf diese Variante etwa für Reisen ohne Waschmöglichkeit zurück. Die Wegwerfeinlagen sind nicht annähernd so umweltschädlich wie Wegwerfwindeln, da der Zellstoff deutlich schneller abgebaut wird und verbrannt werden kann. Die Aufnahmekapazität ist dafür jedoch beschränkter, da sie kein aufquellendes Saugmaterial beinhalten wie es bei Wegwerfwindeln der Fall ist.

ÜBERHOSEN/INNENWINDELN	
PUL	PUL-Stoff ist mit Polyurethan beschichtetes Polyester. Diese Schicht macht den Stoff wasserdicht. Polyurethan ist ein Erdölprodukt. Ursprünglich wurde der Stoff für medizinische Zwecke entwickelt und unterlag entsprechend strengen Auflagen. Trotz Wasserdichtigkeit ist er bis zu einem gewissen Grad atmungsaktiv und dehnbar. Beim Waschen der Überhosen wird Mikroplastik ausgewaschen, welches in das Wasser übergeht und auch in den Kläranlagen nicht ausgefiltert werden kann.
Polyester-Fleece	Polyester hat eine wasserabweisende Wirkung, kann aber bei Druck Nässe durchlassen. Deshalb wird in der Hauptnässezone oft noch Polyesterjersey mit Polyurethan-Beschichtung vernäht, um die Auslaufsicherheit zu erhöhen.
Wolle	Wolle ist ein Naturmaterial. Kein Erdöl, kein Mikroplastik und maximale Atmungsaktivität. Wollüberhosen mit kbT-Zertifikat stammen aus kontrolliert biologischer Tierhaltung und sind mulesingfrei. Nach der Benutzung werden sie zunächst lediglich ausgelüftet. Alle zwei bis drei Wochen oder aber bei Verschmutzung müssen sie gewaschen werden. Anschließend müssen sie in einem Lanolin-Bad über mehrere Stunden nachgefettet werden, damit sie wieder dicht sind. Sie sind in der Pflege somit aufwendiger.

BENUTZTE WINDELN SAMMELN

Es gibt zwei gängige Methoden, benutzte Windeln und Einlagen bis zur nächsten Wäsche zu sammeln. Die erste ist der **Wetbag**. Wetbags sind wasserdichte, atmungsaktive und zugleich geruchsdichte „Nasstaschen". Es gibt sie in den unterschiedlichsten Größen und meist haben sie eine Schlaufe, mit der sie bequem seitlich am Wickeltisch aufgehängt werden können. Unser Wickeltisch samt benutzter Einlagen befindet sich im Schlafzimmer direkt neben dem Bett – ich kann dir versichern: es riecht wirklich nicht unangenehm. Die zweite Möglichkeit zum Lagern ist der sogenannte **Pail Liner**. Der Pail Liner ist ein wasserdichter Wäschesack, der ähnlich wie ein wiederverwendbarer Müllsack mit einem Gummizug im Windeleimer befestigt werden kann.

STOFFWINDELN WASCHEN

Je nach Material der Stoffwindeln und Einlagen gibt es beim Waschen einige kleine Besonderheiten zu beachten. Schau dir daher unbedingt die Waschanleitung des Herstellers ganz genau an. Eine universelle Waschanleitung kann ich dir somit nicht mit an die Hand geben. Gerne gebe ich dir dennoch einen Einblick in die Waschroutine der Einlagen unseres Three-in-all-Systems.

Die benutzten Einlagen und Waschlappen zum Reinigen des Pos sammeln wir in einem Eimer mit Pail Liner und losem Deckel direkt neben dem Wickeltisch. Muttermilchstuhl ist wasserlöslich, diesen entfernen wir daher vorab nicht. Ab Beikostalter wird der Stuhlgang vor dem Lagern in der Toilette entsorgt. Alle zwei bis drei Tage waschen wir die Einlagen. Im ersten Schritt spülen wir die Einlagen und Lappen mit dem entsprechenden Programm fix durch. Bei unserer Waschmaschine heißt es „Extra Spülen" und dauert keine zehn Minuten. So befindet sich kein Urin mehr in den Windeln und der gröbste Schmutz wurde bereits entfernt. Daher geben wir anschließend weitere Handtücher, Lappen & Co. in die Wäschetrommel und wählen das 60-Grad-Programm.

UNTERWEGS MIT STOFF WICKELN

Für die Wickeltasche gibt es besonders kleine Wetbags, die ideal für Ausflüge im Alltag sind. Die benötigte Anzahl an Stoffwindeln kann zu Hause vorbereitet werden, sodass das Wickeln mit Stoffwindeln unterwegs genauso einfach ist wie das mit Wegwerfwindeln. Beim Buchen des Urlaubs empfiehlt es sich, bei Ferienwohnungen darauf zu achten, ob eine Waschmaschine zur Verfügung steht. Bei Kurztrips können Einlagen und Windeln in einem großen Wetbag gesammelt und zu Hause gewaschen werden. Alternativ können Einwegeinlagen aus Zellstoff verwendet werden. Auf diese kann in Ausnahmefällen wie einer längeren Reise ohne Waschmöglichkeit zurückgegriffen werden.

Windel Manufaktur

WINDELFREI / ABHALTEN

Der Begriff „Windelfrei“ in Kombination mit kleinen Babys mag zunächst irreführend klingen. Keineswegs bedeutet er, dass Eltern windelfreie Babys stets ohne Windeln strampeln lassen. Im Englischen spricht man von „elimination communication“, was übersetzt so viel wie „Ausscheidungskommunikation“ bedeutet.

Von Geburt an ist Babys viel daran gelegen, das „Nest“ sauber zu halten. Sie teilen uns daher auf ihre ganz eigene Art und Weise mit, wann sie ausscheiden müssen. Bei dem einen Kind ist es ein bestimmtes Geräusch, das nächste Kind fängt vielleicht unruhig an zu zappeln, wenn es einmal muss. Mit der Zeit können wir Eltern lernen diese Zeichen zu sehen und zu deuten. Und entsprechend zu handeln, indem wir das Baby abhalten.

WIE FUNKTIONIERT DAS ABHALTEN?

Im Grunde gibt es für das Abhalten keine starren Regeln. Handhabe es so, wie es dir und deinem Baby guttut. Zum Ausscheiden kann das Baby über die Toilette, das Waschbecken, die Badewanne oder auch eine Schüssel gehalten werden. Am bequemsten ist es meist, den Rücken des Babys gegen den eigenen Oberkörper zu lehnen, die Beinchen mit den Händen zu umgreifen und diese zum Körper hinzuziehen. Durch diese Haltung wird eine Art Hocke simuliert, und die Beine drücken sanft in den Bauch des Kindes. Das erleichtert das Entleeren des Darms merklich und ist besonders bei Bauchweh sehr angenehm. Wenn du deine Füße mithilfe eines Hockers auf der Toilette sitzend erhöhst, kannst du das sogar selbst nachempfinden.

MUSS MIT DEM ABHALTEN DIREKT NACH DER GEBURT BEGONNEN WERDEN?

Es ist nie zu spät, um einen Versuch zu wagen. Auch wenn erst zum sechsten Lebensmonat mit dem Abhalten begonnen wird, kann es prima funktionieren. Setze dich dabei nicht unter Druck. Keineswegs muss jede Ausscheidung abgehalten werden. „Teilzeit-Windelfrei“ ist ebenso möglich. Zu Beginn kann es helfen, zu festen Zeitpunkten abzuhalten. Etwa nach dem Aufwachen, nach langem Tragen oder nach/während der Nahrungsaufnahme. Das sind Zeitpunkte, zu denen natürlicherweise eine Vielzahl von Babys ausscheiden. Es wird nicht lange dauern, bis dein Baby mit der Hockhaltung und einem „pssscht“ (oder anderes Geräusch nach Wahl) das Loslassen verknüpft und so beim Abhalten meist sofort zumindest uriniert.

WELCHE VORTEILE BRINGT DAS ABHALTEN MIT SICH?

Das Abhalten verbessert das Körpergefühl deines Kindes und befriedigt das Bedürfnis „sauber sein“. Für Babys, die mit reichlich Bauchweh zu kämpfen haben, kann das Abhalten eine wahre Wohltat sein. Nicht zuletzt lassen sich durch das Abhalten entweder Wegwerfwindeln einsparen oder die Stoffwindelwäsche reduzieren.

UND WENN'S NICHT KLAPPT?

Dann ist das überhaupt nicht schlimm. Dass es ein Weilchen dauert, bis ihr eine gute Routine für euch gefunden habt und das Abhalten läuft, ist völlig normal. Doch wenn ihr merkt, „das ist nichts für uns“, dann lasst es sein. Keineswegs sollten negative Gefühle mit dem Abhalten verbunden werden – weder für das Baby, noch für die Eltern.

TRAGEN

Am wohlsten fühlen sich Babys ganz nah bei ihren Bindungspersonen. Die Körperwärme spüren, den Atem hören und der vertrauten Stimme lauschen. Das Tragen stärkt die Bindung, beruhigt dein Baby und lässt es sanft in den Schlaf gleiten. Und: mit einer Tragehilfe hast du beide Hände frei.

DAS RICHTIGE SYSTEM FINDEN

Tragetuch, Ringsling, Mei Tai, Halfbuckle, Fullbuckle, Onbuhimo – die Auswahl an Tragetüchern und unterschiedlichen Tragesystemen ist umfangreich. Jedes System hat seine eigenen Vorteile. Und jede Familie hat individuelle Bedürfnisse. Diese Bedürfnisse ändern sich zudem mit dem Alter des Kindes. Daher ist es ohne kompetente Beratung gar nicht so einfach, das richtige System zu finden.

Eine Trageberatung macht somit durchaus Sinn. Ausgebildete Trageberater*innen ermöglichen es dir, unterschiedliche Systeme zu testen. Idealerweise nimmst du die Beratung in den ersten Lebenswochen deines Kindes wahr. In der Schwangerschaft kannst du weder die Trage richtig anlegen, noch kannst du dein Kind hineinsetzen, um zu sehen, ob es auch für dein Kind die ideale Lösung ist.

Auf der Website des **Tragenetzwerk e.V.** kannst du nach Trageberater*innen in deiner Nähe suchen und diese zur Unterstützung kontaktieren. Sollte es in deiner Region kein solches Angebot geben, findest du im Web mittlerweile auch tolle Online-Kurse rund um das Thema Tragen.

NACHHALTIGE TRAGENHERSTELLER

Dir kommen vermutlich viele Fragen an den Hersteller deiner Trage in den Sinn. Wurden nachhaltige und schadstofffreie Stoffe verwendet? Wurde die Trage fair produziert? Ist der Schnitt ergonomisch gut für mein Kind? Um dir ein paar Anlaufstellen an die Hand zu geben, hier einige nachhaltige Tragenhersteller:

- LIMAS
- Fidella
- DIDYMOS
- GIRASOL
- Fräulein Hübsch
- Madame Jordan
- Storchenwiege

DIE BASICS: DARAUF SOLLTEST DU BEIM TRAGEN ACHTEN

Selbst nach einer Trageberatung gibt es im Alltag mit dem Tragetuch oder dem Tragesystem ein paar Punkte, die ich auch als erfahrene Mama bei jedem Anlegen der Trage aufs Neue beachte:

1. Aufrechte Position: Das Kind muss frei atmen können.
2. Gut gestützt: Der Kopf sollte nicht nach hinten kippen, wenn das Kind eingeschlafen ist.
3. M-Form der Beine: Die Anhock-Spreiz-Haltung ist die orthopädisch korrekte Position. Der Steg (der Teil zwischen den Beinen) sollte daher von Kniekehle bis Kniekehle reichen.
4. Bänder entwirren: Nicht verdreht zubinden, um das Gewicht möglichst gut zu verteilen.
5. Fest genug binden: Wenn die Trage mehr schlecht als recht sitzt, mit dem Binden nochmals von vorne beginnen.

NATURHEILKUNDE FÜR BABYS

Ist ein Baby krank, sollte stets die Hebamme oder ein Kinderarzt/ eine Kinderärztin kontaktiert werden. Bei kleinen Wehwehchen wie Blähungen oder einer leichten Schnupfnase kannst du dem Baby mit natürlichen Haushaltsmitteln Linderung verschaffen. Sollten diese Symptome dennoch länger anhalten, kontaktiere bitte fachliche Hilfe.

BAUCHSCHMERZEN/BLÄHUNGEN

Bei Bauchweh kann Wärme sehr wohltuend sein. Dazu ein warmes Kirschkernkissen auf den Bauch legen. Auch eine sanfte Massage mit Fenchel- oder Kümmelöl im Uhrzeigersinn um den Bauchnabel herum kann helfen. Um die schmerzende Luft im Bauch zu verhindern, ist es ratsam, darauf zu achten, dass das Baby nach jeder Mahlzeit aufstößt.

VERSTOPFUNGEN

Genau wie bei den Bauchschmerzen kann auch bei Verstopfungen das wärmende Kirschkernkissen Linderung verschaffen. Zudem ist Bewegung hilfreich. Das Baby daher möglichst viel strampeln lassen. Das Abhalten (siehe Seite 62) erleichtert zudem das Ausscheiden gerade bei Verstopfungen und kann eine wahre Wohltat sein.

SCHNUPFEN

Eine verstopfte Nase ist gerade im Schlaf besonders nervig, das kennen wir selbst nur zu gut. Damit die Atemwege des Babys bei einem Schnupfen frei bleiben, kann das Köpfchen im Schlaf leicht hochgelagert werden. Dazu kann das Baby entweder in der Trage schlafen, oder du steckst ein Kissen unter die Matratze, um diese leicht anzuwinkeln.

Oftmals hilft es, die Nase vorsichtig zu spülen. Dazu mit einer Pipette einige wenige Tropfen Muttermilch oder Kochsalzlösung langsam in die Nasenlöcher geben. Um eine Kochsalzlösung herzustellen, musst du 500 Milliliter abgekochtes Wasser mit 1 Teelöffel Kochsalz mischen und vor Verwendung vollständig abkühlen lassen.

Feuchte Luft kann bei einem Schnupfen sehr angenehm sein. Hält sich das Baby während einer heißen Dusche im Badezimmer auf, kann es die warme und feuchte Luft einatmen. Alternativ kannst du feuchte Handtücher auf die Heizung legen, um die Luft zu befeuchten.

HUSTEN

Bei einem leichten Husten kann vermehrtes Trinken bereits Linderung verschaffen. Kleine Mengen (etwa 30 Milliliter) Fencheltee, Spitzwegerichtee oder Thymiantee wirken bei Reizhusten beruhigend. Bei Babys, die bereits Beikost zu sich nehmen, kann durch Suppen oder Eintöpfe die Flüssigkeitszufuhr zusätzlich gesteigert werden.

Neben dem vermehrten Trinken können warme Wickel bei Husten beruhigen. Dazu ein Küchenhandtuch in warmes Wasser tauchen und anschließend leicht auswringen. Nun das warme Tuch um den Brustkorb des Babys wickeln und dieses mit einer Wolldecke bedecken. Nach einigen Minuten das Tuch entfernen und das Kind trocken frottieren.

Leidet das Kind beim Husten unter Atemnot oder hat Schmerzen durch den Husten, bitte umgehend Fachpersonal kontaktieren.

OHRENSCHMERZEN

Zwiebeln enthalten antibakterielle und entzündungshemmende Wirkstoffe. Ein warmes Zwiebelsäckchen kann bei Ohrenschmerzen eine wahre Wohltat sein. Dazu eine Zwiebel schälen, in kleine Stücke schneiden und diese leicht andrücken. Anschließend in ein Stoffsäckchen oder alternativ in ein Baumwolltuch geben. Das Zwiebelsäckchen sollte so groß sein, dass das Ohr vollständig verdeckt wird. Vor der Anwendung das Säckchen erwärmen. Entweder zwischen zwei Wärmflaschen, im Backofen oder in der Mikrowelle. Unbedingt darauf achten, dass es nicht zu heiß ist beim Auflegen auf das Babyohr. Mit einem Stirnband oder einer Mütze kann das Säckchen fixiert werden. Etwa eine halbe Stunde einwirken lassen.

ZAHNSCHMERZEN

Mit einem sauberen Finger das geschwollene Zahnfleisch leicht massieren. Gegendruck lindert das Spannungsgefühl. Mit einem Stück Möhre oder Gurke aus dem Kühlschrank kann das Baby diese Massage ab Beikostalter eigenständig vornehmen. Das kalte Gemüse ist ein toller Ersatz für den klassischen Beißring.

EINMAL ALLES PLASTIKFREI

Plastik ist nicht immer „böse". Doch oftmals setzen Kunststoffe ungesunde Stoffe frei. Gerade Kinder, die noch mitten in der Wachstumsphase stecken, kann das stark beeinflussen. Glücklicherweise gibt es nahezu alle Kinderprodukte aus alternativen, nachhaltigeren und gesünderen Materialien.

HOLZ

Es gibt eine große Auswahl an Holzspielzeugen. Bei lackiertem Holz solltest du auf die Unbedenklichkeit der Lacke oder Lasuren achten. Auch auf dem Essenstisch kommt Holz zum Einsatz. Es gibt Teller, Schüsseln, Becher und Besteck aus Holz. Holz lässt sich gut reinigen. Doch Achtung: Fällt den kleinen Kinderhänden das Holzgeschirr auf den Boden, kann schnell ein Stück vom Tellerrand herausbrechen.

METALL

Aufgrund seiner Robustheit ist Edelstahl mit eines meiner liebsten Materialien. Täglich im Einsatz sind unsere Edelstahl-Trinkbecher, in die unterschiedliche Waldmotive eingraviert sind. So finden die Kinder ihren eigenen Becher schnell wieder. Unterwegs greift die komplette Familie auf Trinkflaschen aus Edelstahl sowie Edelstahl-Dosen für Snacks zurück. Sogar Babyflaschen mit Sauger gibt es aus Edelstahl. Als Besteck für die Kinder greifen wir auf unsere bereits seit Jahren im Haushalt vorhandenen Kuchengabeln und Teelöffel zurück. Die haben die perfekte Größe für kleine Kinderhände.

STOFF

Stoffwindeln, Stoffwickelunterlage, Stoffspielzeug, Stoffpuppe. Waschbarer Stoff kann einerseits Einwegprodukte wie Einmalwickelunterlagen aus Kunststoff ersetzen. Andererseits ist Stoff kuschelweich und daher ideales Material für Puppen oder Spielzeug wie Obst für den Kaufmannsladen.

NATURKAUTSCHUK

Naturkautschuk-Produkte ersetzen Schnuller, Sauger und Beißringe aus Kunststoffen. Auf den ersten Blick sind ihre Eigenschaften sehr ähnlich. Doch der Naturkautschuk wird aus der Pflanzenmilch der Kautschukbäume gewonnen und ist somit ein Naturprodukt frei von Erdöl. Achte beim Kauf auf einen nachhaltigen Anbau.

KORK

Kork ist sehr robust, wasserabweisend und fleckenbeständig. Unsere Platzdeckchen aus Kork haben wir bereits dem Härtetest unterzogen – bisher ließ sich jeder Fleck problemlos mit einem feuchten Tuch wegwischen. Weitere Produkte für Kinder aus Kork: Malunterlage, Teppich, Wickelauflage, (Boden-)Kissen.

BAMBUS

Bambus wächst schnell nach und ist daher ein nachhaltiger Rohstoff. Doch wird er zu Geschirr verarbeitet, werden ihm oftmals weitere Stoffe wie Melaminharz beigemischt. Dieser Kunststoff setzt bei Kontakt mit heißen oder fettigen Speisen bedenkliche Stoffe frei. Es gibt eine kleine Auswahl an kunststofffreiem Bambusgeschirr.

GLAS UND PORZELLAN

Mit etwa 2,5 Jahren hat meine älteste Tochter begonnen, unser gewöhnliches Geschirr mitzuverwenden. Sie hilft beim Tischdecken, trägt diese Gegenstände also auch. Sie schätzt die übertragene Verantwortung und lernte früh den sorgsamen Umgang mit zerbrechlichen Dingen.

PLASTIKFREIE BEIKOSTEINFÜHRUNG

Im Supermarkt finden wir eine große Auswahl an fertiger Babynahrung. Bei all diesen Produkten fällt meist eine Menge Müll an. Dabei kann man mit ein paar einfachen Tricks eine Menge Müll einsparen. Doch wann sollte mit der Beikost überhaupt gestartet werden?

REIFEZEICHEN FÜR DEN BEIKOSTSTART

Auf diese Frage gibt es keine Antwort, die ein bestimmtes Alter benennt. Babys haben ihren ganz eigenen Rhythmus. Das eine entwickelt Interesse für feste Nahrung um den fünften Lebensmonat herum, das nächste gegen Ende des ersten Lebensjahres. „Food before one is just for fun“ besagt eine Redewendung. Im ersten Lebensjahr ist die Hauptnahrungsquelle für Babys Muttermilch oder Pre-Milch.

Wenn dein Baby zu den gemeinsamen Mahlzeiten mit am Tisch sitzt, wirst du beobachten können, wie das Interesse an den Speisen zunimmt. Mit großen Augen wird die Gabel fixiert, vielleicht macht dein Baby dabei sogar Kaubewegungen. Diese drei Anzeichen sollten gleichzeitig erfüllt sein, bevor mit der Beikost begonnen wird:

1. Dein Baby kann aufrecht sitzen. Es muss noch nicht eigenständig im Hochstuhl sitzen können, doch es sollte ohne Probleme mit leichter Unterstützung auf deinem Schoß für die Dauer einer Mahlzeit sitzen können. Es sollte niemals im Liegen essen.
2. Der Zungenstoßreflex ist komplett verschwunden. Sprich dein Baby schiebt feste Nahrung mit der Zunge nicht mehr automatisch aus dem Mund heraus. Ist es noch nicht reif genug, macht es das als Schutzreflex, um sich nicht zu verschlucken.
3. Die Hand-Mund-Koordination läuft reibungslos. Dein Baby kann nach einem Stück Gurke greifen und dieses gezielt eigenständig zum Mund führen. So entscheidet dein Kind selbstbestimmt, wann es wovon wieviel isst.

MÜLLARME BREIE ZUBEREITEN

Frisches Gemüse und Obst kann verpackungsfrei eingekauft werden. Besonders gut als erste Lebensmittel eignen sich Möhren, Zucchini, Pastinaken, Kürbisse, Kartoffeln, Süßkartoffeln oder auch Fenchel. Ich habe immer das gewählt, was auch in unserem Essen gelandet ist. So ist der Aufwand deutlich geringer. Gab es etwa eine Gemüsepfanne mit Möhren und Paprika, habe ich eine Möhre salzfrei separat gedünstet und anschließend mit einem Schuss Fruchtsaft und ein paar Tropfen hochwertigem Öl püriert. Fertig ist der frische Babybrei. Die beiden Zusätze sind wichtig, damit die Nährstoffe optimal aufgenommen werden. Alternativ können auch größere Mengen Brei zubereitet und in kleinen Portionen eingefroren werden. Eiswürfelformen eignen sich dafür besonders gut. So kann stets die benötigte Menge erwärmt werden.

Für den Frühstücks- oder Abendbrei werden fertige eingeschweißte Babybreimischungen angeboten. Mit zartschmelzenden Bio-Haferflocken in einer Papierverpackung oder aus dem Unverpacktladen lassen sich diese ebenso gut zubereiten. Bei unseren Kindern war eine Mischung aus Haferflocken, Wasser, Mandelmus und einem Klecks Fruchtmus sehr beliebt.

FINGERFOOD: BABY LED WEANING (BLW)

Tatsächlich haben unsere Kinder nur selten Brei gegessen. Hauptsächlich haben sie ihr Essen eigenständig erforscht und durch die Bereitstellung von Fingerfood selbst bestimmt, was und wie viel sie essen. Das funktioniert auch ohne Zähne ganz wunderbar. Gurken in „Pommesform", gedünstete Möhren oder auch gedünsteter Brokkoli eignen sich für den Beginn besonders gut. Alles, was sich gut greifen lässt. Kleine runde Lebensmittel wie Trauben sollten zunächst vermieden werden. Nüsse ebenso.

Beim Fingerfood habe ich es genau wie beim Brei gehandhabt und das gewählt, was es für uns Erwachsene ohnehin zum Essen gab. Meist essen die Kinder dann zügig ganz normal vom Familienessen mit.

Auch Fingerfood-Snacks lassen sich ganz einfach selber zubereiten. Für Haferkekse musst du lediglich Haferflocken in einer kleinen Menge Wasser einweichen und diese anschließend mit zermatschter Banane zu einer klebrigen Masse vermengen. Auf einem Backblech kleine Kekse aus der Masse formen und für etwa 15 Minuten bei 180 °C in den vorgeheizten Backofen geben.

An dieser Stelle kann ich das Thema Beikost natürlich nur anreißen und dir einen Einblick geben, in welche Richtung es abseits vom klassischen Vorschlag „Brei ab dem 4. Monat nach Plan" gehen kann. Bei Unsicherheiten rund um das Thema Beikosteinführung steht dir deine Hebamme mit Fachwissen zur Seite. Ein Gespräch mit einem/einer Ernährungsberater*in ist ebenfalls sinnvoll. In diesem Buch findest du auf S. 20 ein Expertinnen-Interview mit der Ernährungsberaterin Carmen Hercegfi, die sich auf vegane Ernährung in der Schwangerschaft und bei Kindern spezialisiert hat.

BABYSCHLAF

SUSANNE MIERAU

Diplom-Pädagogin (Schwerpunkt Kleinkindpädagogik), Familienbegleiterin und Mutter von drei Kindern

www.geborgen-wachsen.de @geborgen_wachsen

Susanne Mierau hat an der Freien Universität Berlin Pädagogik mit Schwerpunkt Kleinkindpädagogik und den Nebenfächern Psychologie und Soziologie studiert. Schon während ihres Studiums arbeitete sie in der Elternberatung und in verschiedenen Forschungsprojekten. Nach Abschluss des Studiums arbeitete sie in Forschung und Lehre am Arbeitsbereich Kleinkindpädagogik der Freien Universität und unterrichtete unter anderem zum Thema Elternberatung.

Nach der Geburt ihres ersten Kindes konzentrierte sie sich auf den Bereich Elternberatung und gab in selbstständiger Tätigkeit Kurse, Workshops und Weiterbildungen und bildete sich selbst kontinuierlich fort, beispielsweise zur Familienbegleiterin, Geburtsvorbereiterin, Heilpraktikerin mit Schwerpunkt Phytotherapie und Massagen, AFS- und DAIS-Stillbegleiterin. 2012 gründete sie das Online-Magazin „Geborgen Wachsen", auf dem sie über bedürfnisorientiertes Familienleben schreibt.

Susanne Mierau ist Autorin diverser Elternratgeber und Sachbücher und eine der hierzulande bekanntesten Expertinnen im Bereich bindungs- und bedürfnisorientiertes Familienleben. Sie ist zudem Mutter von drei Kindern.

Warum kann der Weg zum Einschlafen als Brücke bezeichnet werden?

Das Einschlafen ist für Kinder nicht immer einfach: Während Babys in den ersten Wochen des Nachreifens nach der Geburt noch viel schlafen und das Wachen und Schlafen ineinander übergleitet, wird es oft nach einigen Wochen schwerer, und das Einschlafen gelingt nicht mehr einfach: Das Baby, das nun schon mehr in diesem neuen Leben angekommen ist, überprüft bestimmte Rahmenbedingungen zum Einschlafen. Damit es gut einschlafen kann, muss es natürlich zunächst müde sein. Daneben braucht es Wärme, Sättigung, Nähe (die für Sicherheit steht). Fühlt es sich geborgen, kann es anhand dieser erfüllten Rahmenbedingungen in den Schlaf übergleiten. Im Laufe der Zeit gewöhnt es sich an die speziellen Rahmenbedingungen, die wir zum Einschlafen schaffen. Viele Babys werden beispielsweise auch in den Schlaf gestillt (Wärme, Nähe, Sättigung, Hormone, die das Einschlafen fördern) oder auch in den Schlaf getragen (Wärme, Nähe, funktioniert wenn gesättigt). Diese Rahmenbedingungen sind dann wie eine Brücke, die in den Schlaf führt. Irgendwann kommt bei vielen Eltern ein Punkt, an dem sie vielleicht nicht mehr einschlafstillen oder einschlaftragen wollen. Das Baby ist aber daran gewöhnt, und gemeinsam muss dann eine andere Brücke in den Schlaf gefunden werden.

Wie kann eine Massage beim Einschlafen helfen?

Eine Massage kann nicht per se beim Einschlafen helfen, aber sie kann ein Teil eines beruhigenden Abendrituals sein. Es ist hilfreich, wenn wir die Zeit zur Schlafenszeit hin immer ruhiger werden lassen, sodass das Baby oder Kleinkind die Abenteuer des Tages in dieser Zeit schon gut verarbeiten kann und keine neuen mehr dazu kommen. In den Stunden vor dem Zubettgehen werden die Aktivitäten deswegen immer ruhiger. Die Massage kann ein beruhigender Teil zum Abschluss hin sein, wenn das Baby die Windel gewechselt bekommen hat und Mundhygiene durchgeführt wurde. Das ist manchmal nochmal aufregend. Eine Massage im Anschluss kann wieder zur Beruhigung führen und auch der massierende Elternteil kommt bei der Massage oft zur Ruhe bei rhythmischen, langsamen Bewegungen, eventuell ergänzt durch einen beruhigenden Duft. Dabei muss die Massage gar nicht durch spezielle Griffe und Abläufe geprägt sein, sondern es geht insbesondere um Ruhe, Entspannung und Miteinander. Die Berührungsqualität ist von großer Bedeutung: Wie berühre ich mein Baby und was vermittle ich damit? Streichende Bewegungen von der Körpermitte weg zu den Extremitäten sind beruhigend und entspannend.

Warum kann der Wechsel eines Rituals von Zeit zu Zeit sinnvoll sein?

Kinder und Familien sind keine Maschinen. Manchmal ändern sich Rahmenbedingungen und Vorlieben – auch bei Kindern. Wenn wir merken, dass ein Ritual nicht mehr stimmig ist, können wir etwas Neues ausprobieren. Statt Massage vielleicht ein Rundgang durch die Wohnung, bei dem allen Dingen Gute Nacht gesagt wird. Werden die Kinder größer, können natürlich auch Gutenachtgeschichten ins Spiel kommen.

Einige Eltern sind sich unsicher: Ist Einschlafstillen schlimm?

Beim Einschlafen geht es darum, dem Kind ein Gefühl von Sicherheit und Geborgenheit zu geben und dabei einen auch für die Eltern praktikablen Weg zu finden. Das Einschlafstillen hat Vorteile, weil die sich über den Tag verändernde Muttermilch Hormone enthält, die das Einschlafen des Babys abends eine ganze Weile befördern. Dazu kommen andere günstige Einflussfaktoren wie Körperwärme und Nähe. Irgendwann funktioniert das Einschlafstillen nicht mehr, oder die Mutter möchte nicht mehr zum Einschlafen stillen – dann muss ein anderer Weg gewählt werden. Studien zeigen auch, dass das nächtliche Stillen bei Kindern mit einer entsprechenden Veranlagung nach dem ersten Geburtstag das Kariesrisiko erhöhen kann. Solange es aber für alle Beteiligten gut ist, spricht nichts gegen das Einschlafstillen.

Wer bringt das Baby ins Bett?

Am besten ist es, wenn der Elternteil das Baby ins Bett bringt, der dafür genügend Energie hat und das Baby begleiten möchte. Oft werden Babys von Müttern ins Bett gebracht, aber das muss nicht sein. Und gerade dann, wenn ein zweites Kind in die Familie kommt, ist es manchmal praktisch, wenn es keinen Wechsel beim größeren Kind gibt, sondern das neue Baby vielleicht abends nicht einschlafgestillt wird (sofern überhaupt gestillt wird), sondern vom anderen Elternteil in den Schlaf getragen wird. Währenddessen kann Mama sich wie immer um das größere Kind kümmern.

WASCHLAPPEN

DIY

Aus ausgedienten Handtüchern lassen sich mit wenigen Handgriffen Kinderwaschlappen nähen. Natürlich kannst du auch auf andere (alte) Baumwollstoffe zurückgreifen, es muss kein Handtuch sein.

MATERIAL

- Altes Handtuch
- 6 cm Baumwollkordel
- Nadel & Faden / Nähmaschine
- Stickgarn
- Sticknadel

SO GEHT'S

1. Aus dem alten Handtuchstoff ein Rechteck mit den Maßen 32 x 22 cm zurechtschneiden.
2. Eine der beiden langen Seiten 1 cm umklappen und festnähen.
3. Nun das Stoffstück mittig zusammenfalten, sodass die typische Waschlappenform entsteht.
4. Seitlich und unten den Waschlappen schließen. An der langen Seite zuvor die Baumwollkordel mit beiden Enden zwischen den Stoff, nach innen liegend, legen und durch die Naht fixieren. An ihr kann der Waschlappen später zum Trocknen aufgehängt werden.
5. Den Waschlappen wenden, sodass die Nähte nun innen liegen.
6. Mit Stickgarn den Waschlappen nach Belieben mit einem Tiergesicht verzieren.

GREIF- UND BEISSRING

In der oralen Phase nehmen Babys alles Mögliche in den Mund, um mit den feinen Nerven der Zunge Gegenstände genauer zu untersuchen. Beim Zahnen ist es zudem angenehm, durch das Beißen auf einen harten Gegenstand Gegendruck zu erzeugen. Unbehandeltes Holz ist ideal für den DIY-Greif- und Beißring.

DIY

MATERIAL

- Holzring, unbehandelt und unlackiert
- Stoffreste
- Schnittmuster (www.emf-verlag.de/einfach-nachhaltig-leben)

WERKZEUG

- Textilkreide
- Schere
- Nähmaschine / Nadel & Faden

SO GEHT'S

1. Lade dir das Schnittmuster herunter, drucke es aus und pause es ab, um eine Schablone zu basteln.
2. Übertrage das Schnittmuster mit der Textilkreide zweimal auf deinen Stoff und schneide es mit einer kleinen Nahtzugabe aus.
3. Leg die beiden Stoffstücke auf links aufeinander und vernähe sie. Spare dabei ein kleines Stück aus, sodass ein Wendeloch entsteht.
4. Wende den Stoff und verschließe das kleine Loch.
5. Knote die „Stoffohren", wie auf der Abbildung zu sehen, um den Holzring.

KLEINKIND

Im Kleinkindalter, vom ersten bis zum dritten Geburtstag, wird dein Kind immer selbstständiger. Es möchte forschen und entdecken. Dabei lebt es voll im Hier und Jetzt. Während du beim Spaziergang schon an die To-do-Liste für den nächsten Tag denkst, fokussiert sich dein Kind auf den Weg. Es nimmt Pflanzen, Steinchen und kleinste Tiere am Wegesrand wahr und nimmt sie ganz genau unter die Lupe.

Jedes Alter hat seine besonders schönen Seiten. Der Charakter deines Kindes wird sich mehr und mehr herauskristallisieren. Vielleicht wirst du bereits richtige Gespräche mit ihm führen können. Gleichzeitig wird die Autonomiephase gewiss eine fordernde Phase sein. „Unbedingt selber machen wollen" steht auf der Tagesordnung.

Neben dieser Entwicklung deines Kindes warten im Kleinkindalter auch neue Herausforderungen im Bereich Nachhaltigkeit auf dich. Auf mehreren Seiten widmen wir uns in diesem Kapitel dem Thema **Fair Fashion für Kinder**. Wie kannst du Mode möglichst nachhaltig beziehen? Welche Fair-Fashion-Zertifikate gibt es? Wie kannst du Wollkleidung optimal pflegen, damit du und dein Kind möglichst lange Freude daran haben? All diesen Fragen gehen wir auf den Grund.

Im vorangegangen Kapitel habe ich dir bereits einige **Naturheilkunde-Tipps** mit an die Hand gegeben. Vom Quarkwickel bis zum Zwiebelhustensaft folgen nun Ergänzungen, die für Kleinkinder geeignet sind.

Welche Vorteile bietet das **Familienbett**? Und ist **Minimalismus** überhaupt möglich? Der Schlaf und das Ausmisten sowie der **bewusste Konsum** sind weitere Punkte, die auf dich in diesem Kapitel warten.

Der **Kindergartenstart** bedeutet eine Umstellung für den gesamten Familienalltag. Eine aufregende Zeit. Gleichzeitig ist er oftmals mit vielen Neuanschaffungen verknüpft. Ich zeige dir nachhaltigere Alternativen für die klassischen Produkte rund um den Kindergartenalltag.

Auch in diesem Kapitel wartet ein Expertinnen-Interview auf dich. Ich habe mich mit Romy Winter über **Slow Parenting** unterhalten. Romy ist Mutter von drei Kindern, leidenschaftliche Frauen- und Familienbegleiterin und verrät dir, wie es gelingen kann, den Familienalltag ein wenig zu entschleunigen.

FAIR FASHION FÜR KINDER

Kinder wachsen gerade in den ersten Lebensjahren unheimlich schnell aus ihrer Kleidung heraus. Als Eltern ist man daher regelmäßig mit der Beschaffung neuer Kleidungsstücke beschäftigt. Wie geht man das jedes Mal aufs Neue am nachhaltigsten an?

BEWUSST EINKAUFEN

Wir können uns nicht grün konsumieren. Der bewusste Konsum ist an dieser Stelle somit abermals das Schlüsselwort. Die wichtigste Frage vor jedem Kauf lautet daher: Brauch ich das wirklich? Braucht mein Kind das xte süße Shirt? Oder hat es nicht bereits ausreichend Shirts für die aktuelle Saison?

1. Brauchen wir das wirklich?
2. Können wir es uns ausleihen?
3. Können wir es aus zweiter Hand kaufen?
4. Können wir es auch nachhaltiger und aus fairer Produktion kaufen?

Wird ein Kleidungsstück gebraucht, möchte ich dir drei weitere Fragen mit an die Hand geben. Am nachhaltigsten ist es in der gelisteten Reihenfolge. Versuche zunächst dir das benötigte Kleidungsstück auszuleihen. Ist das nicht möglich, ist der Secondhand-Kauf eine nachhaltige Möglichkeit. Erst als letzte Option sollten Produkte neu gekauft werden. In diesem Fall darauf achten, dass die Teile fair und nachhaltig produziert wurden.

SECOND-HAND-MODE

Das nachhaltigste Produkt ist immer noch das, welches nicht neu produziert wurde. Auch für Fair-Fashion-Kleidungsstücke werden Ressourcen verbraucht. Wasser für die Bio-Baumwolle, Strom für die Nähmaschine, Treibstoff für den Transport. Einmal produzierte Kleidungsstücke sollten daher möglichst lange im Kreislauf bleiben. Ein guter Umgang mit den Teilen und die richtige Pflege sind dafür besonders wichtig.

Gewiss finden auch in deiner Stadt regelmäßig Kinderflohmärkte statt. Pfarrheime, Familienzentren, Hebammenpraxen, Kindergärten oder auch Grundschulen sind oftmals gute Anlaufstellen dafür. Vielleicht findest du vor Ort sogar einen gut sortierten Secondhand-Laden. Wirst du lokal nicht fündig, kannst du online auf Plattformen wie **Mamikreisel** suchen.

KLEIDUNG AUSLEIHEN ODER MIETEN

Gibt es in deinem Freundes- oder Familienkreis bereits kleine Kinder, kannst du dir gewiss das ein oder andere Kinderkleidungsstück ausleihen. Besteht die Möglichkeit des privaten Ausleihens nicht, kannst du Kleidung online gegen Bezahlung auch mieten. Als Anlaufstellen hier eine Auswahl an Anbietern:

- Kilenda
- Räubersachen
- Cottonbudbaby
- Tchibo Share

FASHION-LABELS

Die Zahl der Fair-Fashion-Labels für Kinder steigt, und die Auswahl ist somit mittlerweile herrlich bunt. Einige der Labels werden schon seit vielen Jahren als Familienunternehmen geführt, andere sind junge Start-ups. Diese Liste ist gewiss nicht vollständig, bietet dir aber einen guten Einstieg in die faire Welt der Kindermode.

A	F	K	Q
Affenzahn	finkid For Schur frankie & lou Fred's World frugi	Konges Sløjd	Quatschköpfe
B	**G**	**L**	**R**
Ba*Ba Babywear Baby Hero BOCK Copenhagen Blutsgeschwister Band of Rascals	Gray Label	Lana leevje Little Green Radicals Living Crafts loud + proud	Reiff
C	**H**	**M**	**S**
Cosilana	HANS NATUR hessnatur Himmelsstürmer Natur	Maas Natur mara mea MATONA Maxomorra mini rodini MONKIND Macarons	Sanetta Sense Organics Serendipity Smafolk Sternwaldwiese
D	**I**	**O**	**T**
disana	iglo+indi IMPS&ELFS	Oeuf Orbasics ORGANIC ZOO	ThokkThokk Tom&Jenny
E	**J**	**P**	**W**
EMMA & PAUL elkline Enfant Terrible ENGEL Natur Erlich kids	Joha	People Wear Organic Phil & Phae PICKAPOOH Pigeon Play Up Poudre Organic Pure Pure	Wildling Wooly Organic Waschbär

FASHION-ZERTIFIKATE

Nachhaltige Modelabels agieren in der Regel transparent. Sie gewähren Einblicke in die Produktion und liefern Informationen zu den verwendeten Materialien.

HINWEIS Auf **siegelklarheit.de** werden die unterschiedlichen Siegel vorgestellt. Hier ist eine Übersicht der größten Siegel.

GOTS

Der „Global Organic Textile Standard" stellt die gesamte Wertschöpfungskette auf den Prüfstand – vom Anbau bis zum fertigen Produkt. Auch Sozialstandards werden dabei festgelegt.

FWF

Die „Fair Wear Foundation" setzt sich für bessere Arbeitsbedingungen der Textilarbeiter*innen ein. Zusammen mit ihren Partnern arbeitet sie an neuen Lösungen, um den Produktionsweg von Kleidung besser und fairer zu gestalten.

Fairtrade Certified Cotton

Kleidungsstücke mit diesem Siegel bestehen zu 100 % aus fairtradezertifizierter Bio-Baumwolle. Zudem werden faire Arbeitsbedingungen und Mindestpreise für Baumwollbauern garantiert.

Bluesign

„Bluesign" möchte die negativen Auswirkungen der Textilbranche auf Mensch und Umwelt verringern. Dies beinhaltet eine eingehende Prüfung aller eingesetzten Chemikalien sowie eine Vor-Ort-Prüfung des Arbeitsschutzes und der Umweltauswirkungen.

IVN BEST

Das Siegel regelt sowohl Material- als auch Sozialstandards und beleuchtet Hautverträglichkeit und Materialeinsatz. Es ist das ökologisch strengste Zertifikat. Die Textilien bestehen aus 100 % Bio-Naturfasern.

OEKO-TEX Made in Green

Das Siegel stellt hohe Anforderungen an Umwelt- und Qualitätsmanagement sowie die Arbeitssicherheit und fordert die Einhaltung von sozialen Kriterien in den Produktionsbetrieben.

EU Ecolabel - Textilien

Im Bereich Textilien definiert das Siegel Anforderungen an umweltfreundliche Prozesse entlang des gesamten Produktionsweges. Es basiert auf der Verordnung (EG) Nr. 66/2010 des Europäischen Parlaments und des Europäischen Rates vom 25.11.09.

Naturland - Textilien

Das Siegel kennzeichnet Produkte aus Bio-Baumwolle, bei deren Produktion und Verarbeitung ökologische und soziale Anforderungen erfüllt werden. Der Mindestanteil an aus ökologisch erzeugten Naturfasern liegt bei 95 %.

Grüner Knopf

Der Grüne Knopf ist das erste staatliche Siegel für nachhaltige Textilien. Insgesamt müssen 46 Sozial- und Umweltstandards eingehalten werden.

WOLLKLEIDUNG

Wolle wirkt temperaturregulierend und hat ein hohes Selbstreinigungspotenzial. Aufgrund der besonderen Beschaffenheit der Naturfaser bleibt viel Schmutz erst gar nicht haften. Wollkleidung ist daher ideal für Kinder. Mit der richtigen Pflege bleiben die Teile lange erhalten.

PFLEGE-DO'S

Wollkleidung muss nur selten wirklich gewaschen werden, lüften genügt oftmals. Weniges Waschen schont die Kleidung, das wertvolle Wollfett bleibt länger erhalten. Matsch trocknen lassen und dann abklopfen/sanft abbürsten. Falls notwendig, mit einem feuchten Tuch reinigen.

Ideal ist meist eine kühle Handwäsche, Temperaturschwankungen sollten vermieden werden. Wenn die Waschmaschine benutzt wird: unbedingt das Wollwaschprogramm wählen. Nicht über 30 °C waschen, nicht mit hoher Umdrehungszahl schleudern.

Verwende unbedingt ein spezielles Wollwaschmittel. Andere Waschmittel können die empfindlichen Fasern angreifen oder gar zerstören.

Je nach Wollprodukt sollte es nach einer Zeit nachgefettet werden. So bleibt die wasser- und schmutzabweisende Funktion erhalten. Wollkleidung kannst du in einem Lanolin-Bad oder mit einer Lanolin-Sprühkur nachfetten. Mit Wollfettseife lasst sie sich gleichzeitig waschen und fetten.

Gerade größere und schwere Teile feucht in Form ziehen und dann liegend auf einem Handtuch trocknen. Werden sie hängend getrocknet, verziehen sich die Fasern .

PFLEGE-DONT'S

Wollkleidung bitte nicht wringen oder reiben. Dadurch verfilzt die Wolle.

Wolle sollte nicht zu warm (über 30 °C) gewaschen werden. Auch bei höheren Temperaturen verfilzt die Wolle sonst

Wollkleidung nicht in den Trockner geben. Die Programme sind meist zu heiß. Einige moderne Geräte haben ein „Woll Finish"-Programm, das du zum Ende des Trocknungsprozesses hin verwenden kannst.

Wollkleidung sollte auch nicht auf die Heizung oder lange in die pralle Sonne gelegt werden.

HAUSMITTEL GEGEN UNANGENEHME GERÜCHE

Natron. Lege das Kleidungsstück flach hin und streue ein wenig Natron darüber. Lass es über Nacht so liegen. Am nächsten Morgen einfach ausklopfen.

Kaffee. Der Duft des Kaffees hat eine neutralisierende Wirkung. Frisches, trockenes Kaffeepulver genau wie das Natron anwenden

Lavendel. Hänge ein Lavendelsäckchen an die Kleidung. Über Nacht verteilt sich das Aroma. Gleichzeitig schützt das Säckchen vor Motten.

NATURHEILKUNDE BEI KLEINKINDERN

Die Natur hält wunderbare Mittel für uns bereit, die kleine Wehwehchen lindern können. Du kannst die natürlichen Helfer meist müllfrei herstellen oder anwenden. Die ein oder andere Zutat findest du vielleicht sogar im eigenen Garten.

ZWIEBELHUSTENSAFT

Zwiebelhustensaft wirkt schleimlösend und hilft bei Reizhusten. Schneide dazu eine mittelgroße Zwiebel in kleine Würfel und bedecke diese mit 2–3 Esslöffeln Zucker oder Honig. Stelle das Gefäß mit der Zwiebel für mindestens 3–6 Stunden, besser noch über Nacht, in den Kühlschrank. Schöpfe den entstandenen Zwiebelsirup ab und fülle ihn in ein sauberes Gefäß.

Dosis: dreimal täglich 1/2 Esslöffel.

QUARKWICKEL BEI HALSSCHMERZEN

Quarkwickel kühlen und wirken gleichzeitig entzündungshemmend. Verteile auf einem kleinen Tuch fingerdick Quark und falte es zusammen. Lege den Quarkwickel auf den vorderen Hals und wickle ein weiteres Tuch zum Fixieren sanft um den gesamten Hals. Lass den Quarkwickel etwa 20 Minuten auf dem Hals liegen. Manchmal mag sich Wärme besser anfühlen. Daher kann der Quark zuvor alternativ in einem Wasserbad leicht erwärmt werden.

HINWEIS

Die natürlichen Helfer mit Bedacht einsetzen. Verschwindet ein milder Husten nach wenigen Tagen nicht wieder oder hat dein Kind hohes Fieber, solltest du unbedingt in der Kinderarztpraxis vorbeischauen.

KAMILLENDAMPFBAD

Bei einem Schnupfen kann ein Kamillendampfbad die Atemwege wieder befreien. Dazu getrocknete Kamillenblüten in eine Schüssel geben und mit kochendem Wasser übergießen. Nun mit dem Kopf über die Schüssel beugen und den Wasserdampf einatmen. Vorher selbst testen, ob der Dampf nicht mehr zu heiß ist.

TEE BEI MAGEN- UND DARMBESCHWERDEN

Bei leichtem Bauchweh oder Blähungen kann ein Tee, aufgesetzt mit Fenchel-, Anis- und Kümmel, Linderung verschaffen. Die Zusammensetzung ist auch als Stilltee beliebt. Vielleicht hast du die Zutaten sogar noch zu Hause.

DAS FAMILIENBETT

Schlafen ist das Natürlichste der Welt und dennoch für viele Familien die größte Herausforderung im Alltag. Das Familienbett kann eine schöne Möglichkeit sein, den Schlaf mit Geborgenheit zu verbinden. Es ist nicht für jede Familie das Richtige, und das ist vollkommen in Ordnung. Doch einen Versuch ist es wert.

VORTEILE FÜR DAS KIND

Am Abend wird meist das am Tag erlebte verarbeitet. Einschlafen bedeutet somit auch Loslassen. Den Tag loslassen, die Bindungspersonen loslassen. Das fällt vielen Kindern nicht leicht. In einem großen Familienbett kann am Abend gemütlich gekuschelt und vorgelesen werden. Dein Kind kann in deinen Armen einschlafen und sich so sicher und geborgen fühlen. Das Runterkommen und Abschalten gelingt so meist besser. Auch wenn dein Kind in der Nacht aufwacht, vielleicht weil es schlecht geträumt hat, ist es nicht allein. Noch bevor meine große Tochter durch einen Alptraum richtig aufwacht, bemerke ich ihren unruhigen Schlaf. Lege ich ihr dann eine Hand auf den Rücken, schläft sie meist sofort ruhig weiter.

VORTEILE FÜR DIE ELTERN

Der größte Vorteil für mich: Ich muss nachts nicht aufstehen. Wenn meine Kinder etwas benötigen, bemerke ich das noch, bevor sie beginnen zu weinen. Dadurch bin ich meist nur im Halbschlaf und schlafe schnell weiter. Stillen im Liegen, kurz die Wasserflasche reichen – all das ist im Familienbett problemlos möglich.

DARAUF SOLLTEST DU ACHTEN

Keine Kuscheltiere. Gerade wenn ein Neugeborenes mit im Familienbett schläft, sollte darauf geachtet werden, dass sich nichts im Bett befindet, was auf dem Gesicht des Babys landen könnte und das Atmen erschweren würde. Das Baby sollte auf einer freien Fläche schlafen.

Genügend Platz. Mit einem 140 cm breiten Bett wird es zu viert schnell eng, und so macht das Familienbett auf lange Sicht kaum Freude. Mittlerweile gibt es fertige extra breite Familienbetten zu kaufen. Viele Familien basteln sich ihre eigenen Lösungen, indem sie mehrere Bett en aneinanderschieben oder ein Bett komplett selbst bauen.

Rausfallschutz. Reicht das Bett nicht von Wand zu Wand, sollte unbedingt für einen Rausfallschutz gesorgt werden. Dieser kann selbst gebaut oder fertig gekauft werden.

Guter Schlaf für alle. Sobald das Familienbett für ein Familienmitglied nicht mehr die optimale Lösung ist, sollte nach einer Alternative gesucht werden.

MINIMALISMUS
IM KINDERZIMMER

In unserer durch Konsum geprägten und schnelllebigen Gesellschaft kommt bei vielen Menschen das Bedürfnis nach mehr Einfachheit und Klarheit auf. Minimalismus kann wahrlich als Trend bezeichnet werden. Doch was steckt dahinter? Und ist Minimalismus im Kinderzimmer sinnvoll und möglich?

Beim Minimalismus geht es nicht darum, möglichst wenig zu besitzen. Sondern darum, nur die Dinge zu besitzen, die man wirklich mag und die man regelmäßig benutzt. Weniger Besitz kann zu mehr Lebensqualität führen.

Wenn wir über Minimalismus im Kinderzimmer sprechen, müssen wir bei uns Eltern beginnen. Kinder richten sich nach dem, was sie vorgelebt bekommen. Beginne vor dem Ausmisten des Kinderzimmers mit dem Sortieren der Küche oder des Büros. Binde dein Kind dabei mit ein. Je nach Alter wird es durch den Prozess vermutlich bereits motiviert, es dir im Kinderzimmer gleichzutun.

AUSMISTEN

Miste mit deinem Kind gemeinsam aus. Für dein Kind haben einige Spielzeuge einen emotionalen Wert. Dieser sollte unbedingt respektiert werden. Meist fällt es am einfachsten, mit diesen Dingen zu beginnen:

- Spielzeug, das nicht mehr altersgerecht ist
- kaputtes Spielzeug
- Sets, bei denen wichtige Teile fehlen
- doppelt und dreifach vorhandene Spielzeuge

Beim Ausmisten muss das Spielzeug nicht unbedingt sofort verkauft, verschenkt, gespendet oder entsorgt werden. Einige Teile kannst du rotieren lassen. Verstaue sie in einer Kiste und stelle diese in den Keller. Nach einigen Wochen werden die Spielsachen wieder hervorgeholt.

Kisten sind hier generell nützliche Helfer. Stelle fünf Kisten bereit und beschrifte sie mit „Bleibt", „Keller/Dachboden", „Flohmarkt", „Verschenken" und „Entsorgen". Sortiere dann mit deinem Kind jedes Teil in eine der Kisten ein.

INSPIRATION NACH MONTESSORI

Der Grundgedanke der Montessoripädagogik lautet „Hilf mir, es selbst zu tun!". Mit diesem Ansatz gelingt es deinem Kind nach dem Ausmisten leichter, Ordnung zu halten.

Offene Regale auf Kinderhöhe: Alles hat seinen festen Platz und kann vom Kind selbst herausgenommen und wieder zurückgestellt werden.

Körbe: Mehrteiliges Spielzeug kann mithilfe von Körben und Kisten schnell ordentlich aufgeräumt werden.

Bebildern: Schubladen und Kisten mit Bildern des Inhalts versehen.

Kindergröße: Kinderstuhl, Kindergarderobe, Kinderspiegel. Möbel in Kindergröße ermöglichen es dem Kind, eigenständig zu sein und Dinge an ihren Platz zu bringen.

VERKLEIDUNG:

SCHMINKE

Der Fantasie freien Lauf lassen und in andere Rollen schlüpfen. Egal ob wilder Tiger oder zarte Fee – verkleiden und schminken bereitet stets Freude. Mit der DIY-Schminke bist du gewappnet für das nächste Karnevalsfest oder die nächste Motto-Geburtstagsfeier.

DIY SCHMINKE

ZUTATEN

1 EL Babycreme
1 EL Speisestärke
Lebensmittelfarbe

DIY

SO GEHT'S

1. Die Creme in einer Schüssel im Wasserbad verflüssigen.
2. Die Speisestärke sowie die Lebensmittelfarbe hinzugeben. So viel Farbe hinzugeben, bis der gewünschte Ton erreicht wurde.
3. Die angemischte Schminke abkühlen und aushärten lassen.

VERKLEIDUNG: ZAUBERSTAB

DIY

Mit einzelnen Accessoires lässt sich in Kombination mit bereits im Schrank vorhandenen Kleidungsstücken oftmals ein ganz wunderbares Kostüm zaubern. Dieser Zauberstab zum Beispiel kann wunderbar mit einem langen Hemd kombiniert werden.

ZAUBERSTAB

MATERIAL

Filz
Ast

WERKZEUGE

Stift
Schere
Kleber

SO GEHT'S

1. Auf den Filz zwei Sterne zeichnen und ausschneiden.
2. Die Innenseiten der Sterne mit Kleber versehen.
3. Ast zwischen die Sterne legen und diese fixieren.
4. Trocknen lassen.

VERKLEIDUNG:

MASKE

Wer kann sich nicht noch an die lustigen Faschingsfeiern erinnern, an denen man seine besten Freunde und Freundinnen nicht gleich auf den ersten Blick erkannt hat? Solch eine Maske bringt viel Freude und ist auch ein wenig geheimnisvoll.

MATERIAL

Altpapier/Pappe oder Filz
Gummiband

DIY

WERKZEUGE

Stifte
Schere
Kleber
Locher

SO GEHT'S

1. Gewünschten Tierkopf aufzeichnen und ausschneiden.
2. Details wie Ohren, Nase & Co. entweder aufkleben oder aufmalen.
3. Mit einem Locher jeweils rechts und links ein Loch in die Maske stanzen.
4. Gummiband passend zuschneiden, durch die Löcher fädeln und festknoten.

VERKLEIDUNG: ROCK

DIY

So einfach und so wundervoll – mit ein paar Handgriffen und ein paar wenigen Bastelutensilien lässt sich dieser hübsche Rock herstellen. Die nächste Kostüm-Party kann kommen!

MATERIAL
Stoffreste

WERKZEUGE
Schere

SO GEHT'S
1. Hüftumfang des Kindes messen. Zum Hüftumfang werden 30 cm addiert, die zum Zuknoten benötigt werden. Einen entsprechend langen Stoffstreifen zurechtschneiden.
2. Beliebig viele weitere, gleich lange Stoffstreifen vorbereiten.
3. Die Streifen an das Hüftband knoten.

DER KINDERGARTENSTART

Freundschaften schließen, forschen und entdecken. Die Kindergartenzeit ist aufregend und prägend. Die Bedürfnisse deines Kindes und deiner Familie stehen im Mittelpunkt bei der Suche nach dem Kindergartenplatz, keine Frage. Doch auch den Kindergartenstart kannst du ein wenig nachhaltiger gestalten.

DIE SUCHE NACH DEM KINDERGARTENPLATZ

Zum Einstieg in die Suche nach dem geeigneten Kindergartenplatz möchte ich dir ein paar Fragen mit an die Hand geben. Du wirst deine ganz eigenen Punkte haben, die dir wichtig sind. Somit dienen diese Fragen nur der Inspiration. Der Fragenkatalog kann beliebig erweitert werden.

1. Wird der Kindergartenalltag nach einem bestimmten Konzept ausgerichtet? Waldorf? Montessori? Waldkindergarten?
2. Welche Spielzeuge stehen den Kindern zur Verfügung?
3. Wie ist der Außenbereich gestaltet? Gibt es vielleicht ein kleines Beet, in dem die Kinder gärtnern?
4. Werden regelmäßig Ausflüge, etwa in einen nahe gelegenen Wald, unternommen?
5. Wird der Kindergarten mit Essen beliefert? Oder wird gemeinsam mit den Kindern frisch gekocht? Ist vegetarisches/veganes Essen möglich?
6. Wurde bereits Erfahrung mit dem Wickeln mit Stoffwindeln gesammelt?

Interessant könnten für dich auch sogenannte Elterninitiativen sein. Hinter Betreuungseinrichtungen von Elterninitiativen stehen meist von Eltern getragene und selbstorganisierte Vereine. Alle Eltern bringen sich dort aktiv in den Kindergartenalltag ein und bekommen Aufgaben zugeteilt. Ein Beispiel wäre etwa das jährliche Stutzen der Hecken im Außenbereich. Bei einer Elterninitiative hast du somit die Möglichkeit, dich Aspekten wie der Reduzierung des Müllaufkommens zu widmen.

EIN OFFENES GESPRÄCH MIT DEN ERZIEHER*INNEN

Die Erzieher*innen des Kindergartens deiner Wahl haben noch keine Erfahrung mit dem Wickeln mit Stoffwindeln? Bei einem offenen und positiven Gespräch stoßen meiner Erfahrung nach solche Themen dennoch oftmals auf Interesse. Mein Tipp, wie solch ein Gespräch begonnen werden könnte:

„Darf ich euch einmal zeigen, wie einfach das geht? Ich habe eine vorbereitete Stoffwindel dabei. So würde ich sie euch jeden Morgen beim Bringen abgeben. Natürlich in ausreichender Stückzahl für den Tag."

Erzähle zudem von deiner Motivation. Warum greifst du auf Stoffwindeln zurück? Warum hast du dich speziell für dieses System entschieden? Welche Tricks hast du dir beim Wickeln mit Stoff bereits angeeignet? Dein „Warum" wird das Verständnis und die Akzeptanz erhöhen.

BEWUSST EINKAUFEN FÜR DEN KINDERGARTENSTART

Mit dem Kindergartenstart stehen einige Anschaffungen an. Wie üblich ist auch hier die ausgeliehene Variante oder aber ein Secondhand-Kauf die nachhaltigste Lösung. Bei einer zweiten Matschhose durchaus noch gut umsetzbar. Bei der eigenen Trinkflasche für das Kind eher nicht. Daher möchte ich dir ein paar nachhaltigere Produkte für den Kindergartenstart vorstellen.

TRINKFLASCHE

Auffüllbare Trinkflaschen sind eine nachhaltige Alternative zu Wegwerf-Plastikflaschen. Hier eine kleine Auswahl an Trinkflaschen-Anbietern: **Klean Kanteen, ECOtanka, Emil, 24 bottles, kivanta, Purakiki, Blafre, Doli Bottles, Dopper.**

BROTBOX

Nachhaltige Modelle aus Edelstahl findest du bei Anbietern wie **ECO Brotbox, Brotzeit, tindobo oder Affenzahn.** Eine Brotdose wird dein Kind lange behalten. Wähle, wenn möglich, daher eine Variante, die dein Kind später auch mit in die Schule nehmen kann.

RUCKSACK

Nachhaltig, fair produziert und teils aus natürlichen Materialien wie Kork – kleine Kindergartenrucksäcke mit diesen Kriterien findest du bei Anbietern wie **Leesha, Affenzahn, Tell me, Anna und Oskar** oder **frisch Beutel.**

HAUSSCHUHE

Schuhe aus, Hausschuhe an. Mit das Erste, was dein Kind am Morgen im Kindergarten machen wird. Gemütliche und nachhaltige Hausschuhe findest du bei Anbietern wie **Hans-Natur, Greenstories** oder **mongs.**

GUMMISTIEFEL

Naturkautschuk ist ein Naturprodukt und nachhaltiges wie veganes Material für Gummistiefel. Modelle von verschiedenen Marken findest du im Einzelhandel oder online in Shops wie **Hans-Natur** und **Greenstories**.

MATSCHHOSE

In der Regel bestehen Matsch- und Regenhosen aus synthetischen Fasern. Nicht selten enthalten diese bedenkliche Stoffe. Einige wenige Anbieter, wie **BUX** oder **Ulalü**, bieten fair produzierte Matschhosen aus Bio-Baumwolle an.

SLOW PARENTING

ROMY WINTER
Systemische Therapeutin i. A., Psychologische Beraterin,
Resilienz-Coach, Doula & Autorin

www.inneres-gold.de @slowmothering

Romy Winter ist Mutter von drei Kindern und leidenschaftliche Frauen- und Familienbegleiterin. Als systemische Therapeutin (Familien- & Paartherapeutin), zertifizierte psychologische Beraterin, zertifizierte Resilienz-Trainerin für Erwachsene & Kinder und ausgebildete Doula steht sie Familien von der Schwangerschaft an zur Seite. In ihren Wirkungsfeldern ist Romy zudem als Autorin tätig. 2021 erscheint ihr erstes Buch über Resilienz.

Resilienz ist eines ihrer Herzensthemen. Du hast den Begriff Resilienz gerade zum ersten Mal gelesen? Dieses Zitat bringt die Bedeutung ziemlich gut auf den Punkt:

> *„Unter Resilienz versteht man die Fähigkeit von Menschen, Krisen im Lebenszyklus unter Rückgriff auf persönliche und sozial vermittelte Ressourcen zu meistern und als Anlass für Entwicklung zu nutzen."*
>
> *(ROSMARIE WELTER-ENDERLIN)*

Romy ist Chefredakteurin des Magazins „The Mothering Journey". Das Magazin wird als gedruckte Zeitschrift angeboten. Zusätzlich gibt es online den gleichnamigen Blog, der weitere wertvolle Inhalte kostenlos bereithält.

Dein Instagram Account trägt den Namen @slowmothering. Was zeichnet die „Langsame Elternschaft" für dich aus?

Um ehrlich zu sein, könnte ich hier so viel erzählen, dass es mir fast schwer fällt, einen Anfang zu finden – denn diese Begrifflichkeit endet für mich am Ende ganz feingliedrig in nahezu alle Lebensbereiche. Zuallererst natürlich in der Elternschaft und Kindererziehung- bzw. begleitung, aber auch in Themen wie Entschleunigung, Work-Life-Balance, Partnerschaft und Nachhaltigkeit.

Slow Parenting ist für mich im Grunde eine Haltung, die Raum und Zeit lässt für die Bedürfnisse aller Familienmitglieder, für eine altersgerechte Entwicklung und für ein achtsames, nachhaltiges Leben.

Mir scheint das heute bedeutender denn je. Natürlich hatten die Menschen auch früher schon Stress und Druck. Doch ich empfinde das Leben heute schneller, reizintensiver, komplexer und teils auch komplizierter. Der Terminplaner ist voll. Und auch wenn das meiner Mutter früher bestimmt ähnlich ging, so trägt unser Zeitgeist nach meinem Empfinden ein ganz besonderes Accessoire. Eine Uhr, auf der immer steht: zu spät.

Wir sagen ständig – auch zu unseren Kindern – wir müssten mal eben noch schnell dieses oder kurz jenes tun, bevor wir Zeit für sie haben. Natürlich können und müssen Kinder auch mal warten. Das ist grundsätzlich überhaupt kein Problem, nur sollte sich unsere innere Gehetztheit nicht auf unsere Kinder übertragen oder ihnen das Gefühl geben, dass sie lediglich ein weiteres To-do auf der ohnehin zu langen Liste sind. Zeit zu haben für ihre Belange, ihr Spiel und ihr Sein – das ist für mich **slow**.

Und gleichzeitig bedeutet Slow Parenting für mich auch eine gewisse Zurückhaltung. Das heißt, die Elternrolle nicht überpräsent oder gar allbedeutend werden zu lassen. Das kommt den Kindern zugute, die ihren „elternfreien" Entwicklungs- und Identitätsraum definitiv brauchen, aber eben auch die Eltern als Liebespaar. Auch die Paarbeziehung braucht Zeit und Raum. Die Trennungsrate ist enorm hoch – mehr als jede dritte Ehe wird geschieden, hinzu kommen noch die unverheirateten Paare. Es steht wohl außer Frage, dass es Entwicklungen in einer Beziehung gibt, wo eine Trennung die bessere Wahl ist.

Ich erlebe aber auch, dass Paare manchmal schneller an diesem Punkt zu sein glauben, als sie es tatsächlich sind. Wir Eltern gehen ja auch verhältnismäßig unvorbereitet in diese Lebensphase. Niemand bereitet uns wirklich ehrlich darauf vor, vor welchen Herausforderungen, Schatten und Abgründen der Liebe wir früher oder später stehen könnten und was dann zu tun ist. Dabei ist die Paarbeziehung in der Familie gewissermaßen das Fundament. Auf ihr hat sich die Familie in der Regel gegründet , und von ihr wird sie auf den meisten Ebenen genährt. Paradoxerweise ist es aber tatsächlich unglaublich herausfordernd (insbesondere im Leben mit kleinen oder pubertierenden Kindern) ausreichend Zeit für die Beziehungspflege zu finden. Doch eine Liebe, die nicht gepflegt wird, verwildert. Die Vorstellung, dass Liebe ein Selbstläufer ist, ist zwar romantisch, aber eben auch illusorisch. Liebe braucht Zeit. Zeit, die viele Eltern vor allem in ihre Elternschaft und Arbeit investieren. Das ist nachvollziehbar, aber eben auch verfänglich. Im Terminkalender sollte also dringend Platz zum Lieben aller Familienmitglieder sein. Auch das ist slow – für mich.

Was ist an dem Satz „Was in den Terminkalender passt, ist auch machbar" so gefährlich?

Organisatorisch mag diese Aussage vielleicht stimmen. Aber emotional und energetisch? Eher nicht. Weder für uns Eltern, noch für unsere Kinder. Schon gar nicht für die Familie als Ganzes. Aus Sorge um die Zukunft ihrer Kinder verfallen manche Eltern zusätzlich zu den eigenen Terminen in einen regelrechten Förderwahn. Der Leistungsdruck der Gesellschaft ist groß – die Angst, dass das eigene Kind später darin nicht bestehen kann, auch. Und so erliegen wir schnell dem Irrglauben, dass alles, was unsere Kinder tun, einen Mehrwert haben und Lernen immer standardisiert oder messbar sein muss. Das sehe ich aber anders. Kinder brauchen keinen ständigen, forcierten Input oder andauernde Animation, um sich gesund zu entwickeln. Im Gegenteil: Insbesondere das freie Spiel ist von großer Bedeutung für die Hirnentwicklung, weil es die Bildung wichtiger Nervenbahnen und stabiler neuronaler Strukturen fördert.

Keine andere Spezies als der Mensch kommt mit einem derart unreifen, aber eben auch lernfähigen und beeinflussbaren Gehirn zur Welt. Und keine andere Art ist bei der Entwicklung des Gehirns so sehr von der emotionalen, sozialen und intellektuellen Kompetenz einer erwachsenen Bezugsperson abhängig wie wir. Kinder brauchen also in erster Linie feste Bindungen, um sich gesund entwickeln zu können, und keine ständige Stimulation oder Förderung. Bindung entsteht durch Nähe, Geborgenheit und Liebe. All das kostet nichts, außer Zeit. Zeit, die in unserem Alltag knapp ist. Die 24 Stunden, die wir jeden Tag geschenkt bekommen, sollten wir also weise nutzen.

Wie kann es gelingen, das Familienleben zu entschleunigen?

Wer sein (Familien)Leben entschleunigen möchte, muss es wohl oder übel auch entschlacken. Zeit- und Energiefresser lauern vermutlich in jedem Alltag. Diese kleinen Parasiten zu finden, kostet allerdings etwas Überwindung und Ehrlichkeit zu sich selbst. Sie sind überall und längst Gewohnheit. Sie wohnen in unseren eigenen Ansprüchen und Glaubenssätzen. In unseren Smartphones und Laptops. In unserer Unachtsamkeit und unserem Verantwortungsgefühl. In den kleinen Versuchungen und großen Versprechungen. Und in unserem Drang, alles auf einmal schaffen zu wollen. Wir dürfen lernen, Prioritäten zu setzen, uns Unterstützungssysteme zu erschaffen und „Nein" zu sagen. Nein zu noch mehr Terminen, Nein zur ständigen Erreichbarkeit, Nein zur Perfektion und ab und an auch mal Nein zum Chef.Denn gestresste Eltern sind kein fruchtbarer Boden für eine entspannte Familie. Ein Nein zu anderen ist vor allem eins: ein Ja zu uns selbst. Und zu unseren Lieblingsmenschen.

Warum ist es so wichtig, auch einmal „Nein" zu sagen?

Oh, da gibt es viele gute Gründe. Die bereits genannte Notwendigkeit zum Setzen von Prioritäten ist nur einer davon. Darüber hinaus ist ein Nein doch etwas ganz Natürliches im (gemeinsamen) Leben. Ein Nein lässt Grenzen erfahrbar werden. Besonders in Familien ist es ein wichtiges Instrument für die gemeinsame Bedürfniserfüllung. Ein Nein zu unseren Kindern ist aufgrund unserer Verantwortung ja ohnehin unvermeidbar und auch nichts, wovor Eltern Angst haben müssten. Wichtig ist, dass ein Nein aus guten, möglichst transparenten Gründen und in angemessener Weise ausgesprochen wird. Es ist an uns Eltern, den daraus entstanden Frust aufseiten des Kindes auszuhalten, aufzufangen und zu begleiten.

Aus Sicht der Resilienzförderung ist ein Nein im geschützten Feld der Familie außerdem ein gutes Übungsfeld zum Aufbau der Frustrationstoleranz. Kinder entwickeln hier wichtige Kompetenzen und Strategien zur Bewältigung solcher inneren und äußeren Konflikte. Sie lernen durch uns und von uns. Zur familiären Neinkultur gehört also definitiv auch die Akzeptanz eines Neins auf allen Seiten und von allen Familienmitgliedern, sofern es die Umstände und Verantwortungsbereiche zulassen.

Nicht zuletzt ist ein Nein auch ein Mittel zur Abgrenzung und somit zur Rollen- und Identitätsbildung aller. Für mich spielt da hinein, die Eltern-Kind Beziehung von der Paarbeziehung abzugrenzen. Hier ist es beispielsweise wichtig, sich auch mal ein „Nein – jetzt nicht, denn jetzt möchte ich mit deinem Papa sprechen. Danach bin ich wieder für dich da …" zu trauen. Kinder können sich selbstverständlich auch mal allein beschäftigen oder kurz warten, wenn es nicht gerade um „Leben und Tod" oder um das zum Abwischen bereite Popöchen geht. Meist entsteht in solchen „langweiligen" Momenten bei Kindern viel Freiraum für Fantasie.

Warum ist Langeweile in deinen Augen ein Geschenk?

Unsere Kinder laufen durch die ständige exogene Stimulation Gefahr, sich selbst zu verlieren. (Früh)Förderung, Smartphone, Spielkonsole, YouTube und Werbung, aber auch der gesellschaftliche Leistungs- und Zeitdruck sind Einflussfaktoren, denen wir uns vielleicht nicht völlig entziehen können, deren Auswirkungen auf die Entwicklung unserer Kinder wir aber keinesfalls unterschätzen sollten. Im Slow Parenting ist daher auch die Ursprünglichkeit und Verbundenheit mit der Natur von großer Bedeutung. Stille einladen, Reizüberflutung ausladen. Im Moment sein. Denn Langeweile ist ein Geschenk – insbesondere für unsere Kinder. Auch, wenn das anfangs anders aussieht, denn ein gelangweiltes Kind ist oft anstrengend (für die Eltern). Darum zücken wir meist recht intuitiv die Animationskeule. Und auch in der glitzernden Konsumwelt werden reichlich Ideen, Strategien, Spielzeuge und Aktivitäten angeboten, um Langeweile zu verhindern. Familien sind zu Konsumenten geworden, die Gefahr laufen, die Verbindung zu sich selbst durch die ständige externe Stimulation zu kappen. Viele Kinder sind bereits in jungen Jahren stimulationssüchtig. Und ein Kind, das Langeweile nie erlebt und ausgehalten hat, wird auch später höchstwahrscheinlich zum Reizjunkie. Langeweile ist der Schlüssel zur inneren Balance – in jedem Alter, wie der Familientherapeut Jesper Juul sagt. Wer die Unruhe vorbeiziehen lässt, kommt in Kontakt mit seiner Kreativität und Gestaltungslust. Sie ist der Raum, in dem wir uns überhaupt erst selbst verwirklichen können. Die anfangs unangenehme Stille wird dann zu innerem Frieden. Langeweile gehört nachweislich zu den wichtigsten Triebfedern der kindlichen Entwicklung. Wenn wir also wollen, dass unsere Kinder die selbstliebenden und friedvollen Menschen bleiben, müssen wir ihnen nicht nur Liebe und Geborgenheit schenken, sondern eben auch den „langweiligen" Freiraum, sich selbst und andere zu entdecken.

Die meisten Experten empfehlen daher, höchstens zwei Termine, besser nur einen pro Woche für ein Kindergartenkind einzuplanen und auch Schulkindern ausgedehnte „Freizeiten" einzuräumen. Von der Schule kommen und gleich Hausaufgaben machen? Ein entwicklungspsychologisches No-Go, wenn ihr mich fragt.

Wenn Kinder ständig Leistung erbringen müssen, gehen sie nicht nur körperlich, sondern auch geistig kaputt. Da zählt für mich auch das Argument der lebensvorbereitenden Abhärtung nicht. Wie soll aus einem kaputten Kind, ein heiler Erwachsener werden? Nein, Kinder müssen nicht abgehärtet, sondern gestärkt werden. Mein Slow-Parenting-Fazit: Weniger ist mehr. Das gilt für fast alles. Außer für die Liebe.

FINGERMALFARBEN

DIY

Mit den Fingern malen und auch einmal matschen dürfen – eine große Freude. Mit nur vier Zutaten lässt sich im Handumdrehen wunderbar bunte und nachhaltige Fingermalfarbe anmischen.

ZUTATEN (FÜR 4 FARBTÖNE)

300 g Mehl
2 EL Salz
800 ml Wasser
Lebensmittelfarbe

SO GEHT'S

1. Das Mehl mit dem Salz in eine Schüssel geben und langsam das Wasser hinzugeben. Dabei stetig mit einem Schneebesen verrühren, sodass keine Klümpchen entstehen.
2. Nun je 200 ml der Mischung in ein altes Schraubglas füllen.
3. Mit Lebensmittelfarbe in unterschiedliche Farbtöne einfärben.

TIPP

Mit diesem Mischungsverhältnis ist die Farbe dünnflüssiger, als man es von konventioneller Fingermalfarbe gewohnt ist. Bei Bedarf mehr Mehl hinzufügen. Luftdicht verpackt in ausgespülten alten Schraubgläsern, hält sich die Farbe im Kühlschrank in der Regel mehrere Monate.

KNETE

DIY

Beim Kneten können Kinder ihrer Fantasie freien Lauf lassen. Kugeln rollen, Schnecken formen, Pizza backen. Konventionelle Knete enthält oftmals bedenkliche Stoffe. Dabei kann Knete ganz einfach selber hergestellt werden. Durch die Zugabe von Lebensmittelfarbe können die Farbtöne individuell angemischt werden.

ZUTATEN

600 g Mehl
200 g Salz
10 g Zitronensäure
500 ml kochendes Wasser
3 EL Speiseöl
Lebensmittelfarbe

SO GEHT'S

1. Mehl, Salz und Zitronensäure vermengen.
2. Unter Rühren langsam das aufgekochte Wasser hinzugeben.
3. Das Öl untermischen.
4. Teig gegebenenfalls aufteilen und mit der Lebensmittelfarbe in unterschiedliche Farbtöne einfärben.

HINWEIS

Ist die Knete zu klebrig, noch etwas Mehl hinzufügen. Ist die Knete zu trocken, noch etwas Wasser hinzufügen. Luftdicht verpackt in ausgespülten alten Schraubgläsern, hält sich die Knete im Kühlschrank in der Regel mehrere Monate.

KIND

Dinge hinterfragen. Erstmals in kleinen Bereichen ein Stück weit Verantwortung übernehmen. Kinder sind wissbegierig und beobachten alles, was um sie herum geschieht, genau. Wir Eltern sind dabei stets große Vorbilder für sie. Kinder handeln nach dem, was ihnen vorgelebt wird. Taten zählen hier mehr als Worte.

Umweltschutz mit Kindern beginnt daher bei uns selbst. Licht ausmachen, Müll trennen, Wasser sparen. Das mögen Kleinigkeiten sein, doch werden sie für dich zu Selbstverständlichkeiten, werden sie es auch für dein Kind.

In diesem letzten Kapitel beschäftigen wir uns zunächst mit der **Reparatur von Kleidung**. Wer viel klettert, spielt und tobt, der kommt nicht selten mit Löchern oder Flecken heim. Selbst ohne umfangreiche Kenntnisse im Umgang mit der Nähmaschine gibt es diverse Möglichkeiten, die Lebensdauer von Kleidungsstücken zu verlängern.

Für den nächsten Waldspaziergang stelle ich dir ein tolles **Umwelt-Spiel** vor, bei dem du gemeinsam mit deinem Kind die Natur entdecken kannst. Sammle dabei gerne reichlich Naturmaterialien. Auf den nächsten Seiten findest du einiges an Inspiration, was daraus gebastelt werden kann.

Beim gemeinsamen **Gärtnern** kannst du deinem Kind nicht nur die Begriffe regional und saisonal erklären, ihr könnt vermeintlichem Bio-Abfall beim Wachsen zusehen und bereits nach wenigen Tagen ernten. Ich zeige dir, wie einfach es ist, Gemüse nachzuziehen.

Wiederkehrende **Feste** wie Geburtstage oder Weihnachten haben für Kinder eine große Bedeutung. Für die kleinen Menschlein stecken sie voller Magie, die wir im Erwachsenenalter oftmals nicht mehr sehen. Mit ein paar simplen Tricks kannst du solche Feste nachhaltiger gestalten, ohne dabei auf die Magie verzichten zu müssen.

Ich habe schon so einige Langstreckenzugfahrten mit Kind hinter mir. Im Abschnitt **Nachhaltig reisen** gebe ich dir einige Tipps an die Hand, mit denen eine Zugfahrt zum Abenteuer statt zur Geduldsprobe wird.

Noch einschneidender als der Kindergartenstart im Leben eines Kindes ist wohl der **Schulstart**. Ähnlich wie im vorangegangenen Kapitel findest du auch für diesen eine Liste mit nachhaltigeren Produkten.

Abschließend erläutert Anna Brachetti, die bedürfnisorientiert mit ihren drei Kindern und ihrem Mann in Berlin lebt, warum Geschwister streiten und wie du mit **Geschwisterstreit** umgehen kannst.

KINDERKLEIDUNG REPARIEREN

Mit zunehmendem Alter werden die Kleidungsstücke stärker beansprucht, und die Kinder wachsen langsamer, sodass die einzelnen Teile jeweils länger getragen werden. Mit ein paar Tricks kann die Lebensdauer von Kinderkleidung verlängert werden – auch ohne Nähmaschine und Fachwissen.

KNÖPFE

Gelöste Knöpfe können mit Nadel und Faden erneut fixiert werden. Ersatzknöpfe, die oftmals mit neuen Kleidungsstücken daherkommen, in einer kleinen Dose sammeln. So können verloren gegangene Knöpfe einfach ersetzt werden.

LÖCHER

Löcher in Socken können mit Stopfgarn verschlossen werden. Ein Stopfpilz oder ein Stopf-Ei können dabei mitunter nützliche Hilfsmittel sein. Löcher auf Kleidungsstücken können durch Stickereien versteckt werden.

NÄHTE

Die meisten Nähte werden von innen vernäht. Eine aufgeplatzte Naht kann daher entlang der bereits vorhandenen Naht mit Nadel und Faden erneut verschlossen werden. Das muss auch gar nicht allzu akkurat sein, da man es von außen ohnehin nicht sieht.

FLICKEN

Sogenannte Patches eignen sich bestens um größere Löcher, Risse oder etwa ausgedünnte Kniepartien zu verdecken. Die Flicken können entweder festgenäht, mit Textilkleber aufgeklebt oder aufgebügelt werden. Es gibt sie zu kaufen oder als DIY-Variante aus alten Stoffresten.

REISSVERSCHLUSS

Lässt sich ein Reißverschluss nur schwer öffnen und schließen, kann er mit dem Graphit eines Bleistiftes geschmiert werden. Dazu einfach mehrfach mit der Spitze des Stiftes an den Zähnen des Reißverschlusses entlangreiben. Bricht der Zipper ab, kann dieser durch einen Schlüsselring oder ein Stoffband ersetzt werden.

FLECKEN

Manchmal lassen sich Flecken aus einem T-Shirt auch mit guter Vorbehandlung nicht mehr entfernen. Gerade, wenn das Kleidungsstück keinen Druck oder andere Verzierungen hat, hilft hier ein simpler Trick: dunkel einfärben. So wird aus dem gelben fleckigen Shirt im Handumdrehen ein dunkelblaues Shirt, das aussieht wie neu. Weiße Kleidung kann in der Sonne ausgeblichen werden.

GUMMIBAND

Der Gummizug in Rock, Leggings & Co. kann mit der Zeit, etwa durch häufiges Waschen, ausleiern. Oft ist das Gummiband nicht fest vernäht, sondern liegt lose im Bund. Der Bund kann in dem Fall innen eingeschnitten und das Gummiband so ersetzt werden.

AUS LANG MACH KURZ

Aus einer langen Hose mit Löchern oder ausgefranstem Saum kann eine Shorts gemacht werden. Je nach Stoff reicht dafür eine Schere. Denn Stoffe wie Jersey fransen nicht aus. Bei fransigen Stoffen kann der neue Saum sauber vernäht werden.

BASTELN UND SPIELEN MIT NATURMATERIALIEN

Naturmaterialien sind nicht nur kostenlos, sie regen die Kinderfantasie beim Spiel an. Aus einem Tannenzapfen wird so ein Telefon oder aus einem Ast ein Zauberstab. Ich möchte dir ein paar Ideen als Anreiz geben, wie ihr auch gemeinsam ganz wunderbar mit Naturmaterialien basteln und spielen könnt.

SORTIERSPIEL

Sammle eine gewisse Menge von einem bestimmten Naturmaterial. Jeweils eine Handvoll Steinchen, Eicheln, Bucheckern, kleinste Ästchen oder andere kleine Materialien. Gib alle Materialien in eine große Schüssel und mische sie gut durch. Nun soll jedes Material in ein eigenes Schälchen sortiert werden. Stelle die entsprechende Anzahl an Schälchen bereit.

NETZ-ANGELN

Fädle durch die Löcher eines Wäschekorbs kreuz und quer eine Kordel, sodass ein Netz im Korb entsteht. Lege auf den Boden des Wäschekorbs unterschiedliche Naturmaterialien in verschiedenen Größen. Nun gilt es, die Materialien mit einer Grillzange oder ähnlichem Hilfsmittel aus dem Korb zu fischen ohne das Netz zu berühren. Wird das Netz berührt, ist das nächste Kind an der Reihe. Wer hat am Ende die meisten Materialien geangelt? Welche sind besonders einfach herauszufischen? Welche besonders schwer?

MOSAIKBILD

Stelle eine gewisse Auswahl an Naturmaterialien bereit. Bunte Laubblätter, Blüten, Ästchen, Gräser, Klee. Entweder werden die Materialien nun frei auf ein Blatt Papier geklebt. Der Fantasie kann freien Lauf gelassen werden. Alternativ kann zuvor eine Art Mandala auf das Papier gemalt werden. Dieses kann mit den unterschiedlichen Naturmaterialien beklebt werden.

WINDLICHT

Für das DIY-Windlicht benötigst du Altglas, bunte Laubblätter und Kleber. Lass die Laubblätter zunächst trocknen, eh du sie verwendest. Nach dem Trocknen werden die Blätter mit dem Kleber an dem gesäuberten Altglas befestigt. Stelle nun ein Teelicht in das Glas. Fertig ist das selbst gemachte, wunderbar herbstliche Windlicht.

HINWEIS

Bitte beachte folgende Dinge beim Basteln und Spielen mit Naturmaterialien:
1) Schütze Tiere und Pflanzen. Beachte Naturschutzgebiete.
2) Verwende nichts Lebendiges. Brich keine Äste ab und pflücke keine seltenen Blumen.
3) Tiere nicht stören oder ärgern.

SPIELFIGUREN

Zum Basteln von Spielfiguren werden lediglich einige Kastanien und Zahnstocher benötigt. Kastanien sammeln und die Zahnstocher mithilfe einer Schere auf die benötigte Länge zurechtschneiden. Nun können Menschen oder Tiere zusammengesteckt werden. Nach Belieben können den Figuren mit einem Stift zusätzlich Gesichter gezeichnet werden.

MEMORY

Für ein Memory aus Naturmaterialien sammelst du einige Eichelhütchen. Diese bemalst du innen mit unterschiedlichen Farbtönen. Jeweils paarweise: zwei blaue, zwei grüne, zwei gelbe und so weiter. Nach dem Trocknen werden die Hütchen umgedreht und gemischt. Nun gilt es, die Pärchen zu finden.

DEKOHERZ

Für das Dekoherz sammelt ihr ungiftige rote Beeren, wie etwa Hagebutten. Nun schneidet ihr ein Stück Kaninchen- oder Blumendraht zurecht. Für ein kleines Herz ein kurzes Stück, für ein großes Herz ein entsprechend langes Stück. Dann werden die Beeren mittig auf dem Draht aufgespießt. Anschließend wird der Draht zu einem Herz geformt. Befestige ein Stück Kordel an dem Herz, um dieses aufzuhängen.

DOMINOSTEINE

Für das DIY-Dominospiel benötigt ihr einige Steine, die etwa gleich groß sind. Malt die Steine mit je zwei Farbtönen an. Die eine Hälfte etwa blau, die zweite Hälfte gelb. **So geht das Spiel:** Die Steine werden gemischt und jede*r Spieler*innen erhält die gleiche Anzahl an Steinen. Nun müssen wie beim klassischen Domino abwechselnd jeweils die gleichen Farbtöne aneinandergelegt werden.

WINDSPIEL

Für das Windspiel benötigt ihr einen größeren Ast, Kordel und weitere Naturmaterialien nach Belieben. Der Ast wird waagerecht gelegt; und mit den Kordeln werden an ihm unterschiedliche Materialien befestigt. Mit einer weiteren Kordel jeweils links und rechts außen kann das Windspiel aufgehängt werden.

UMWELTSPIELE

Die Natur mit ihren Prozessen lässt sich für Kinder durch kleine Experimente oder Spiele deutlich einfacher verstehen. Selber anpacken, anfassen, anschauen. Auf den folgenden Seiten findest du zwei Anregungen für Umweltspiele.

DIE MÜLLKIPPE

Dieses kleine Experiment veranschaulicht Kindern, warum Plastikmüll schädlich für die Natur ist: Er zersetzt sich kaum. Mithilfe von zwei Blumentöpfen wird das für die Kinderaugen deutlich.

DAS WIRD BENÖTIGT

2 Blumentöpfe gefüllt mit Erde
1 Stück Biomüll (beispielsweise Apfel- oder Bananenschale)
1 Stück Plastikmüll

SO GEHT'S

1. In dem einen Topf den Biomüll und in dem anderen den Plastikmüll vergraben. Die Töpfe von außen oder mit einem Schildchen in der Erde eindeutig beschriften.
2. Die Erde in beiden Töpfen regelmäßig gießen, um diese feucht zu halten.
3. Nach sieben Tagen den Müll jeweils erstmals vorsichtig ausbuddeln und betrachten. Wie hat sich der Biomüll verändert? Wie der Plastikmüll? Den Zwischenstand festhalten. Fotografisch, gezeichnet oder schriftlich.
4. Den Müll jeweils erneut eingraben und weiter befeuchten.
5. Vier weitere Wochen abwarten, bis der Müll erneut ausgebuddelt wird. Nun nochmals die gleichen Fragen beantworten: Wie hat sich der Biomüll verändert? Wie der Plastikmüll?

WEITERE FRAGEN, ÜBER DIE GEMEINSAM DISKUTIERT WERDEN KANN:

Frage: Was bedeutet das für den Müll, den wir auf einem Waldspaziergang entdecken?

Mögliche Antwort: Wenn ihn niemand aufhebt und in den Müll wirft, wird er dort noch sehr viele Jahre so liegen bleiben. Vielleicht pustet ihn der Wind in einen Fluss, und so gelangt der Müll eventuell ins Meer. Auch dort bereitet er Tieren und Pflanzen Probleme.

Frage: Warum ist es so gefährlich, dass sich der Plastikmüll nicht zersetzt?

Mögliche Antwort: Tiere könnten ihn versehentlich fressen und dadurch krank werden. Plastik enthält oftmals giftige Stoffe, die mit der Zeit in den Boden gelangen.

Frage: Wenn der Wind den Plastikmüll umherpustet, wo könnte er landen?

Mögliche Antwort: Zunächst in Flüssen und so mit der Zeit im Meer. Dort passiert es noch schneller als im Wald, dass ihn Tiere versehentlich fressen.

DIE NATURFARBEN-RALLYE

Die Natur hält kleine wie große Dinge zum Entdecken bereit. Gerade die kleinen übersehen wir oftmals im Alltag. Eine Naturfarben-Rallye ist eine wunderbare Möglichkeit, diese genauer unter die Lupe zu nehmen, neue Wege einzuschlagen und unsere Umwelt besser kennenzulernen.

DAS WIRD BENÖTIGT

Papier
Buntstifte
(optional: Kleber)

SO GEHT'S

1. Nimm ein Blatt Papier und zeichne untereinander Kreise in den Farben Weiß, Blau, Rot, Gelb, Grün, Lila, Braun und Schwarz daran.
2. Geht gemeinsam spazieren. Im Wald, um den See oder durch den Park. Das ist ganz egal. Auf eurem Spaziergang solltet ihr bloß ein paar Naturmaterialien finden.
3. Sucht nun Naturmaterialien in den Farbtönen auf dem Papierblatt. Einen grünen Grashalm, eine gelbe Blüte, ein braunes Stück Rinde.
4. Die jeweilige Farbe kann mit jedem Fundstück abgehakt werden. Alternativ kann das Objekt auf dem Papier neben der entsprechenden Farbe nachgezeichnet werden, oder es kann als Original danebengeklebt werden. Letzteres bitte nur machen, wenn dafür keine Pflanze beschädigt werden muss, sondern das Material bereits lose auf dem Boden liegt.

GÄRTNERN MIT KINDERN

Entdecken, lernen, selber machen. Kinder möchten die Welt verstehen und am liebsten immer selbst mit anpacken. Beim gemeinsamen Gärtnern können Kinder unheimlich viel über unsere Lebensmittel, die Umwelt und ihre Lebewesen lernen. Beim Nachziehen von Gemüse können selbst die Kleinen schon mit anpacken.

GEMÜSE NACHZIEHEN

Gemüse nachziehen ist eine tolle Möglichkeit, vermeintlichen Bio-Abfall zu nutzen. Die Enden von Lauchzwiebeln eignen sich dafür besonders gut. Für diese kleine Gemüsezucht brauchst du somit weder Samen, noch viel Platz. Du kannst die Lauchzwiebeln sogar auf der Fensterbank ziehen.

SO GEHT'S

1. Die Enden von Lauchzwiebeln aufheben und in ein Glas Wasser stellen.
2. Das Glas an einen sonnigen Platz stellen und täglich das Wasser wechseln.
3. Sobald die Wurzeln sichtbar gewachsen sind, können die Lauchzwiebeln eingepflanzt werden.
4. Dazu kleine Löcher ausheben, den gesamten weißen Teil der Zwiebeln hineinstecken und wieder mit Erde bedecken.
5. Die Erde direkt nach dem Einpflanzen reichlich befeuchten und von nun an regelmäßig gießen.
6. Mit einer sauberen Schere können die Lauchzwiebeln nun mehrmals zum Verarbeiten in der Küche abgeschnitten werden.

ZWEI BASICS: „SAISONAL & REGIONAL" SPIELERISCH ERKLÄREN

Im eigenen kleinen Garten wächst nur saisonales und regionales Obst und Gemüse. Die Auswahl zu der im Supermarkt unterscheidet sich stark. Bananen sucht man im heimischen Garten vergebens, dafür führt mitunter nicht jeder Supermarkt Mairübchen. Beim Gärtnern setzen wir uns intensiv mit den Lebensmitteln auseinander. Doch auch im Supermarkt können wir uns bewusst für die saisonalen und regionalen Produkte entscheiden. Die folgenden Absätze sollen dir ein paar Infos mit an die Hand geben, um mit deinem Kind über Saisonalität und Regionalität zu sprechen.

SAISONAL KINDERLEICHT ERKLÄRT

Saisonales Obst und Gemüse wird genau dann angebaut, wann es natürlicherweise wächst. Erdbeeren wachsen in Deutschland in den Monaten Mai, Juni und Juli. In diesem Zeitraum sind Temperatur und Regenfälle optimal für die Beeren. Erdbeeren haben also im Frühsommer Saison. Außerhalb der Saison, zum Beispiel im Herbst, wachsen Erdbeeren in Deutschland nur im Gewächshaus. Die Gewächshäuser in der Landwirtschaft sind riesig groß und verbrauchen viel Strom, da sie beheizt und beleuchtet werden. Essen wir nur saisonales Obst und Gemüse, können wir also Energie einsparen und die Umwelt schonen.

REGIONAL KINDERLEICHT ERKLÄRT

Regionales Obst und Gemüse wird ganz in der Nähe angebaut. Es kommt also aus der Region, in der wir leben. Es wird weder mit dem Schiff oder Flugzeug transportiert, noch muss es lange Strecken mit dem LKW zurücklegen. Die Transportwege von regionalem Obst und Gemüse sind kurz. Dadurch kann Energie eingespart werden. Es wird weniger CO_2 ausgestoßen. Regionales Obst ist also umweltfreundlicher. Mit der Wahl von regionalem Obst und Gemüse können zudem meist kleinere Bauernhöfe aus der Region unterstützt werden.

NACHHALTIG FESTE FEIERN

Unerwünschte Geschenke, Einmalgeschirr, ein Berg an Geschenkpapier. Feste von Geburtstag bis Weihnachten können schnell in Stress ausarten und eine Menge Müll produzieren. Doch das muss nicht sein. Mit ein paar kleinen Anpassungen könnt ihr entspannt und umweltfreundlich feiern.

GEBURTSTAG

DEKO

Mit ein wenig Näherfahrung kannst du Dekoartikel wie Ballons oder Wimpelketten aus Stoff selber nähen und jedes Jahr aufs Neue verwenden. Wenn du selbst keine Nähmaschine besitzt, hast du vielleicht jemanden im Freundes- oder Familienkreis, der dir zur Hand gehen kann. Oder du gibst die Produkte in einer Schneiderei in Auftrag. Auch Geburtstagskronen aus Stoff können dich und deine Familie lange begleiten. Auf dem Geburtstagstisch machen sich Naturmaterialien ganz wunderbar als Deko.

GESCHENKE

Auch wenn du schon seit Langem versuchst, deinen Alltag nachhaltiger zu gestalten, passiert es immer wieder: Ungewollte, unnachhaltige Geschenke werden beim Kindergeburtstag überreicht. Da hilft nur eins: klare Kommunikation. Erhält dein Kind solch ein Geschenk, sprich es offen bei dem/der Schenkenden an. Erkläre dabei deinen Hintergrund und deine Motivation. Um ungewollten Geschenken vorzubeugen, können Anbieter für Online-Wunschzettel wie **nocake.de** hilfreich sein. Den Link zum Wunschzettel kannst du dem gesamten Familien- und Freundeskreis zuschicken. Bereits gekaufte Geschenke können als „schon weg" markiert werden, ohne dass du es siehst und es so eine Überraschung bleibt.

DIE PARTY

Wird der Kindergeburtstag zu Hause gefeiert, kannst du Upcycling Projekte planen, wie DIY-Kerzen aus Wachsresten. Soll die Feier draußen stattfinden, gibt es tolle Aktivitäten mit Bezug zu Umwelt und Natur: Besuch einer*s Imker*in, Führung über den Bauernhof oder eine Waldschatzsuche mit einem*r Naturpädagogen*in.

EINGELADEN BEI ANDEREN

Handle beim Schenken nach deinen Regeln. Frag also ruhig nach, was das Kind sich wünscht. Gut Erhaltenes lässt sich auch aus zweiter Hand wunderbar verschenken.

WEIHNACHTEN

ADVENTSKALENDER

Möchtest du für dein Kind einen Adventskalender befüllen, findest du auch nachhaltige Kleinigkeiten. Ein paar Ideen:

1. Ein nachhaltiges Stifte-Set aufteilen: jeden Tag kommt eine neue Farbe hinzu.
2. Essbares.
3. Eine schöne Geschichte aufgeteilt in 24 Teile.
4. DIY-Zubehör für den Kaufmannsladen oder die Kinderküche (siehe Salzteig S. 116).
5. Nachhaltiges Holzbausteine-Set aufgeteilt auf 24 Türchen.

ADVENTSKRANZ

Statt eines klassischen Adventskranzes, von dem meist zumindest immer ein Teil nach Weihnachten im Müll landet, kannst du gemeinsam mit deinem Kind aus Salzteig (siehe S. 116) eine Adventsspirale selber machen. Auch vier Kerzen auf einem hübschen Teller und dazu ein paar gesammelte Naturmaterialien machen sich ganz wunderbar als Adventskranz.

DEKO

Weihnachtsdeko kannst du ganz wunderbar gemeinsam mit deinen Kindern selber basteln: Weihnachtsstern aus Stroh oder kleinen Ästen, Kranz aus Tannenzweigen, Weihnachtsbaumschmuck aus Kiefernzapfen, Tischdeko aus getrockneten Orangenscheiben, eine Girlande aus Tannenzapfen, Baumschmuck aus Papier.

WEIHNACHTSBAUM

Statt einen Baum zu fällen und diesen nach wenigen Wochen zu entsorgen, könnt ihr als Familie selbst einen bauen. Und diesen jedes Jahr aufs Neue verwenden. Kleine Inspiration: ein Weihnachtsbaum aus Ästen. Sammelt dafür bei jedem Spaziergang unterschiedlich lange und dicke Äste. Zusätzlich benötigt ihr eine Metallstange und einen Baumstumpf. Bohrt mittig in den Stumpf einige Zentimeter dick ein Lock. Steckt dort die Metallstange hinein. Durchbohrt nun die Äste alle einmal mittig. Nun könnt ihr sie auf den Metallstab stecken. Beginnt mit den größten Ästen und nehmt nach oben hin immer kleinere.

WEIHNACHTSGESCHENKE

Wie wäre es mit einem Erlebnisgeschenk statt einem Konsumgut? Töpferkurs, Reitstunden, Freizeitpark, Kino, Theater, Klettern, Erlebnisbad, Indoorspielplatz, Fotografiekurs. Auch verbrauchbare Geschenke wie Knete, Kreide, Buntstifte, Kleber oder andere Bastelmaterialien sind eine tolle Möglichkeit, nachhaltiger zu schenken.

GESCHENKVERPACKUNGEN

Gekauftes Geschenkpapier hat eine unheimlich kurze Lebensdauer. Diese Dinge sind mindestens genauso gut geeignet zum Verpacken von Geschenken: alte Kinderkunstwerke, Zeitungspapier, alte Kalenderblätter, Schachteln/Kartons/Dosen, Stoffsäckchen, geknotetes Halstuch, Stoffreste, Altglas, Toilettenpapierrolle.

NACHHALTIG REISEN ALS FAMILIE

Wir Eltern möchten unseren Kindern die Welt zeigen, ihnen auf Reisen die Vielfalt der Natur näher bringen und sie mit unterschiedlichen Kulturen vertraut machen. Doch dafür müssen wir nicht immer ins Flugzeug steigen. Auch in Deutschland und unseren Nachbarländern gibt es viel zu entdecken.

Ich möchte dir ein paar Fragen zu Anreise, Unterkunft und dem Reiseziel mit an die Hand geben. Die Antworten auf diese Fragen können dir helfen, den nächsten Familienurlaub zu planen und diesen nachhaltiger zu gestalten.

ANREISE

1. IST EINE ANREISE MIT DEM ZUG ODER REISEBUS MÖGLICH?

Spart in der Regel Energie ein. Tipps für Zugreisen mit Kindern findest du auf der nächsten Seite.

2. STEHT DIE ANREISESTRECKE IM VERHÄLTNIS ZUR DAUER DES AUFENTHALTS?

Oftmals macht beim Reisen die An- und Abreise einen hohen Anteil der CO_2-Emission aus. Demnach lieber ein längerer Aufenthalt pro Jahr statt viele kurze.

3. KANN DIE REISE MIT ETWAS ANDEREM VERBUNDEN WERDEN?

Liegt der Wohnort von Familienmitgliedern oder Freunden auf dem Weg zum Reiseziel? Dann kann ein Besuch mit der Reise verbunden werden.

UNTERKUNFT

1. WER FÜHRT DIE UNTERKUNFT?

Bevorzuge kleine inhabergeführte Unterkünfte statt große Ketten.

2. WIRD ENERGIE SELBST ERZEUGT?

In der Tourismusbranche wird viel Energie benötigt. Einige Unterkünfte nutzen daher regenerative Energie in Form von Solarpanels oder Windrädern auf dem Dach der Unterkunft.

3. GIBT ES EIN REGIONALES/BIOLOGISCHES/VEGANES ANGEBOT IM RESTAURANT?

Biologische Lebensmittel schonen die Umwelt, und durch die Wahl eines regionalen Angebots werden zudem die Transportwege kurz gehalten.

4. BESITZT DIE UNTERKUNFT EIN NACHHALTIGES SIEGEL/ZERTIFIKAT?

Zertifikate wie **TourCert, Green Globe, EU Ecolabel** oder **GreenSign** können Aufschluss darüber geben, ob und wie nachhaltig eine Unterkunft ist.

5. GIBT ES UMWELTFREUNDLICHE ANGEBOTE WIE EINEN SCHWIMMTEICH STATT EINES POOLS?

Mach dich auf die Suche nach Besonderheiten. Bei welchen Punkten denken die Inhaber der Unterkunft vielleicht ein wenig anders als im konventionellen Bereich?

VOR ORT

1. KANN AUF EIN MIETAUTO VERZICHTET WERDEN?

Wähle ein Urlaubsziel, bei dem du vor Ort entweder mit den öffentlichen Nahverkehrsmitteln oder mit dem Rad mobil bist.

2. GIBT ES IN DER NÄHE EINEN BIO-BAUERNHOF?

Wenn du selbst kochst, ist ein kleiner Bio-Bauernhof mit Hofladen im Urlaub eine tolle Möglichkeit, Lebensmittel direkt aus der Region zu beziehen.

3. WERDEN UMWELTFREUNDLICHE AKTIVITÄTEN VON KLEINEN UNTERNEHMEN ANGEBOTEN?

Wie wäre es mit einer Kräuterwanderung statt der Quadtour? Durchgeführt vom einheimischen Anbieter statt dem großen Konzern.

ICH PACKE MEINEN KOFFER...

Mit ein paar nützlichen Helfern im Gepäck kannst du im Urlaub vor Ort oder auch während der An- und Abreise einiges an Müll einsparen.

- Einkaufstaschen
- Wiederbefüllbare Trinkflaschen
- Aufbewahrungsdosen (für Snacks am Strand oder auf Ausflügen)
- Wachstücher
- Löffel für den Eisbecher
- Edelstahlstrohhalm

10 TIPPS FÜR LANGE ZUGFAHRTEN MIT KIND(ERN)

Mit der richtigen Vorbereitung und Planung kann eine Zugreise mit Kindern komfortabel, lustig und entspannt sein. Niemand sitzt hinter dem Steuer und für die Pipipause muss nicht einmal angehalten werden. Im Zug gibt es für Groß und Klein reichlich Bewegungsfreiheit und Beschäftigungsmöglichkeiten. Mit den folgenden 10 Tipps bist du für lange Zugfahrten gewappnet.

TIPP 1: KLEINKINDABTEIL RESERVIEREN

Das Kleinkindabteil ist ein kleines separates Abteil. Meist mit großzügigem Tisch zum Malen, genügend Platz zum Spielen auf dem Boden und einer Abstellmöglichkeit für den Kinderwagen. Zum regulären Reservierungspreis für Erwachsene kann es ohne weiteren Aufpreis vor Reiseantritt reserviert werden. Sind die Kleinkindabteile ausgebucht, gibt es zusätzlich einen Familienbereich im Großraumabteil.

TIPP 2: VERBINDUNG MIT LÄNGERER UMSTEIGEZEIT BUCHEN

Beim Buchen eines Tickets online gibt es diverse Einstelloptionen. Eine davon lautet „Umsteigezeit mindestens X Minuten“. Damit werden Verbindungen mit kurzen Umsteigezeiten, die mit Kindern oftmals nicht einzuhalten sind, gar nicht erst angezeigt. Stattdessen kann man längere Umsteigezeiten bewusst als Pause nutzen.

TIPP 3: DIE WAGENREIHUNG PRÜFEN

Schaue zeitig, mit welcher Wagenreihung der Zug einfährt. So kannst du im richtigen Abschnitt auf den Zug warten und erreichst sofort deinen Platz, ohne innerhalb des Zuges mit Kinderwagen & Co. durch mehrere Wagen gehen zu müssen.

TIPP 4: KINDERWAGEN UND TRAGETUCH MITNEHMEN

Beim Reisen mit Baby ist es ratsam, zusätzlich zum Kinderwagen ein Tragetuch oder Tragesystem mitzunehmen. Damit kann das Baby durch Auf- und Ablaufen im Gang bequem in den Schlaf getragen werden.

TIPP 5: AUSREICHEND VERPFLEGUNG VORBEREITEN

Leckere Snacks für die Reise können bereits zu Hause vorbereitet werden. Bei uns stets beliebt: Obstschnitze, belegte Brötchen, Brezel, Gemüsesticks, Cracker, Müsliriegel, kalte gefüllte Tortellini, Bananenbrot, Couscous-Salat, Nüsse.

TIPP 6: BESCHÄFTIGUNG WÄHREND DER REISE

Je nach Alter der Kinder kann man sich wunderbar mit dem Herausschauen aus dem Fenster und Geschichtenerzählen beschäftigen. Doch gerade bei längeren Fahrten nehmen wir gerne eine Auswahl zum Beschäftigen mit: Bücher, Papier und Buntstifte, Holztiere, Kuscheltier & Puppe, Kartenspiel, Hörspiel oder eine Folge der Lieblingsserie vorab downloaden.

TIPP 7: AUF DEN FLUR GEHEN

Gerade vor den Kleinkindabteilen lohnt es sich, mit den Kindern auch einmal auf den Flur zu gehen. Diese grenzen direkt an den Familienbereich an, sodass man auf dem Flur stets anderen Eltern und Kindern begegnet. Wir sind so stets auf Gesprächs- und Spielpartner gestoßen.

TIPP 8: SERVICE IM ZUG NUTZEN

Auf dem Rollstuhl-WC befindet sich im Zug ein ausklappbarer Wickeltisch. Zusätzlich bietet die Bahn weitere kostenlose Services wie das Erwärmen von Brei oder heißes Wasser für Flaschenmilch an. Auf ausgewählten Strecken wird am Wochenende eine ebenfalls kostenlose Kinderbetreuung angeboten.

TIPP 9: GEWAPPNET SEIN VOR VERSPÄTUNGEN

Es sollte einen Plan B geben für den Fall einer starken Verspätung oder eines ausgefallenen Zuges. Sei es das Ass im Ärmel zur Beschäftigung während der längeren Wartezeit oder die Möglichkeit der Übernachtung bei einer längeren Reise.

TIPP 10: FREIZEIT NACH DER FAHRT EINPLANEN

Gerade nach einer längeren Fahrt sollte nicht direkt nach der Ankunft mit einem starren Programm begonnen worden. Lieber zunächst ein wenig freie Zeit zum Vertreten der Beine oder dem Austoben auf dem Spielplatz einplanen.

NACHHALTIGER SCHULSTART

Der Schulstart bringt große Veränderungen im Leben eines Kindes und der ganzen Familie mit sich. Eine aufregende, neue Zeit beginnt. Gleichzeitig ist der Schulstart kosten- und ressourcenintensiv. Eine lange Liste mit Dingen, die besorgt werden sollen, wartet darauf, abgearbeitet zu werden. Doch auch hier gibt es nachhaltige Alternativen.

BEWUSST EINKAUFEN

Wie so oft ist auch beim Einkauf für den Schulstart der bewusste Konsum der Schlüssel. Stelle dir beim Abarbeiten der Schulmaterialliste daher folgende Fragen:

1. Gibt es dieses Produkt so oder so ähnlich schon im Haushalt, und kann es vom Kind in der Schule verwendet werden?
2. Kannst du das Produkt aus zweiter Hand kaufen?
3. Gibt es für das Produkt eine neue nachhaltigere Alternative?

Im Folgenden gehe ich auf die klassischen Produkte einer Schulmaterialliste ein und zeige dir, welche nachhaltigeren Alternativen es gibt.

HOLZBUNTSTIFTE

Wähle Stifte aus unlackiertem Holz. Lack benötigt lediglich weitere Ressourcen und kann zudem mit der Zeit abblättern und mitunter Schadstoffe freisetzen. Druckbleistifte können zudem lange verwendet werden. Bei ihnen muss lediglich die Mine nach Verbrauch ersetzt werden.

TEXTMARKER

Auch Textmarker gibt es aus Holz. Sie haben trockene, helle, leuchtende Farben und sind so bestens zum Markieren geeignet. Ganz ohne Verschmieren. Soll es doch die feuchte Kunststoffvariante sein, findest du hier Modelle zum Nachfüllen.

WACHSMALSTIFTE

Achte bei Wachsmalstiften am besten auf Siegel. Du findest neben den konventionellen Stiften auch Wachsmalstifte aus Bienenwachs in einer Papierverpackung. Auf eine Plastikhülle kann hier getrost verzichtet werden.

FILZSTIFTE

Filzstifte enthalten in der Regel Lösungsmittel. Achte beim Kauf darauf, dass du Stifte auf Wasserbasis wählst. Zudem gibt es nachfüllbare Filzstifte.

FÜLLER

Ein Füller aus Holz ist eine schöne und nachhaltige Alternative. Füller mit Tanks, in die keine Patronen eingesetzt werden, sind sogar komplett plastikfrei.

RADIERGUMMI

Achte beim Kauf von Radiergummis auf den Hinweis „PVC-frei". Modelle aus Naturkautschuk sind in der Regel eine nachhaltigere Lösung. Verzichte auf Radiergummis mit Duftstoffen. Diese sind in der Regel künstlich hergestellt.

SPITZER

Neben der Variante aus Kunststoff gibt es auch Spitzer aus Holz oder Metall. Ist die Klinge mit einer Schraube befestigt, kann diese bei Verschleiß ausgetauscht werden.

LINEAL

Lineale und auch Geodreiecke kannst du aus Holz oder Metall kaufen. Holz ist leichter, Metall dafür robuster.

TINTENKILLER

Die meisten Tintenkiller werden als „bedenklich" eingestuft. Verzichtet, wenn möglich, lieber komplett darauf. Greift stattdessen auf Radiergummis mit blauem Ende zurück. Diese können Tinte wegradieren.

SCHULHEFTE

Bei den Schulheften findest du in der Regel ein gut sortiertes Angebot an Heften aus Recyclingpapier. Achte beim Kauf auf Siegel wie der **Blaue Engel**.

HEFTUMSCHLÄGE

Neben Heftumschlägen aus Plastik werden auch welche aus Papier angeboten. Alternativ können diese auch aus Back- oder Zeitungspapier gebastelt oder aus Stoff zum Wiederverwenden genäht werden.

SCHULBÜCHER

Kaufe die Schulbücher im örtlichen Buchhandel statt beim großen Online-Händler. So kannst du den lokalen Einzelhandel unterstützen.

KLEBER

Achte auf den Hinweis „lösemittelfrei" oder „ohne Lösungsmittel". Kleber kann selbst angemischt werden. Der DIY-Kleber ist aufgrund der kurzen Haltbarkeit jedoch nur bedingt für den Schulalltag geeignet. Du bekommst Kleber aber in Großverpackungen und kannst damit die kleine Flasche immer wieder auffüllen. So sparst du Müll ein.

WASSERMALFARBEN

Wähle einen Farbkasten, in dem Farbtöne einzeln ausgetauscht werden können. So muss nicht gleich der ganze Kasten ersetzt werden, sobald die ersten Farben verbraucht sind. Bei den Pinseln kannst du Naturborsten wählen und darauf achten, dass das Holz unlackiert ist.

TRINKFLASCHE

Auffüllbare Trinkflaschen sind eine nachhaltige Alternative zu Wegwerf-Plastikflaschen. Hier eine kleine Auswahl an Anbietern: **Klean Kanteen, ECOtanka, Emil, 24 bottles, kivanta, Purakiki, Blafre, Doli Bottles, Dopper.**

BROTBOX

Eine Brotdose wird dein Kind lange behalten. Falls du schon im Kindergarten eine Edelstahlbrotbox angeschafft hast, kann diese einfach weiterverwendet werden. Ansonsten findest du schöne und nachhaltige Modelle bei Anbietern wie **ECO Brotbox, Brotzeit, tindobo** oder **Affenzahn**.

SCHULRANZEN

Achte bei der Wahl des Schulranzens nicht nur auf ergonomische Standards, sondern auch auf Umweltfreundlichkeit und soziale Aspekte. Marken wie **ergobag** oder **Step by Step** verwenden recycelte Materialien und sind jeweils Mitglieder der **Fair Wear Foundation**. Gut erhaltene Schulranzen kannst du auch gebraucht kaufen. Das verlängert die Lebensdauer des Produkts und schont Ressourcen.

SCHULTÜTE

Eine nachhaltige Schultüte kannst du aus Karton oder Stoff selber basteln. Ein wenig Inspiration für den Inhalt der nachhaltigeren Schultüte: Radiergummi aus Naturkautschuk, schadstofffreie Buntstifte aus unbehandeltem Holz, Brotbox und Trinkflasche zum Wiederbefüllen, Fairtrade-Schokolade, selbst gebackene Kekse (ABC-Kekse), selbst gemachtes Popcorn, Sorgenfresser, Glücksbringer, Schlüsselanhänger

GESCHWISTERSTREIT

ANNA BRACHETTI

Studierte Neurowissenschaftlerin, die bedürfnisorientiert mit drei Kindern und ihrem Mann in Berlin lebt.

www.langsam-achtsam-echt.de @langsam.achtsam.echt

Anna hat Neurowissenschaften und kognitive Psychologie studiert. Sie ist ausgebildete Trageberaterin und Babykursleiterin. Mit ihrem Mann und ihren drei Kindern lebt sie in Berlin und schreibt auf Instagram, ihrem Blog oder Steady unter dem Namen @langsam.achtsam.echt über bedürfnisorientierte Elternschaft, Nachhaltigkeit, Achtsamkeit, Feminismus und Minimalismus.

Bücher sind Annas große Leidenschaft. Bereits mehr als 200 Werke über Kindererziehung hat sie gelesen. Ihr Wissensdurst ist kaum zu stillen. Gerade in den Bereichen MBSR (mindfulness-based stress reduction) und GfK (gewaltfreie Kommunikation) möchte sie sich weiter fortbilden.

Warum streiten Geschwister?

Geschwisterstreit ist eigentlich ein Ressourcenstreit. Evolutionär gesehen bedeutet ein Geschwisterkind, dass es Konkurrenz gibt im Wettkampf um die Aufmerksamkeit der Eltern, um ihre Zeit, um Nahrung. Ein Geschwisterkind wird als Bedrohung für das Überleben des anderen wahrgenommen. Diese Mechanismen sind in unseren Kindern noch tief verankert, auch wenn wir in einem sehr wohlhabenden Land leben, genug zu essen haben und wir unseren Kindern statistisch gesehen so viel Zeit wie noch nie schenken. Dass diese Instinkte in unseren Kindern noch angelegt sind, bedeutet aber nicht, dass sie niemals eine schöne Beziehung miteinander haben werden. Wir als Eltern haben einen sehr großen Einfluss darauf, wie sehr ein Geschwisterkind als Konkurrenz wahrgenommen wird.

Warum geht Eltern der Geschwisterstreit so nah?

Wir wünschen uns Harmonie und Liebe unter den Geschwistern, weil es für uns völlig klar ist, dass wir alle sehr lieben. Den Streit sehen wir häufig als unser Versagen an. Dabei kommt er in den besten Familien vor! Und Geschwister lernen aneinander unheimlich viel – gerade im Streit. Sie diskutieren aus, müssen Lösungen finden, bekommen eine sehr schnelle und starke Rückmeldung, wenn sie die Grenzen der anderen überschritten haben.

Wie kann ich mit Geschwisterstreit umgehen?

Das Wichtigste ist, dass an einem Streit niemals nur eine Person schuld ist. Die Frage, wer angefangen hat, können wir uns sparen. Mittlerweile sind meine Kinder auch alt genug, um Streit unter sich klären zu können, nur wenn es handgreiflich wird oder ich merke, dass eins der Kinder sich kaum wehren kann, greife ich ein.

Ich gehe auf Augenhöhe und erkenne zuerst das Problem an. Auch wenn es für uns Erwachsene vielleicht nichtig scheint, für unsere Kinder war es wichtig. Ich lasse mir von beiden Kindern erzählen, was sie sich wünschen (Schuldzuweisungen will ich auch hier nicht hören, vielmehr lege ich den Fokus auf Gefühle und Wünsche). Dann sind die Kinder meist schon so ruhig, dass es viel leichter ist, eine Lösung zu finden. Wir sprechen gemeinsam darüber, welche Lösungen es geben könnte (abwechseln, teilen, etwas ganz anderes machen usw.).

Wenn sich der Streit gerade häuft, habe ich oft den Eindruck, dass die Kinder einfach etwas mehr Ruhe brauchen. Dann biete ich eine ruhige Aktivität wie vorlesen oder malen an. Wir müssen auch nicht jeden kleinen Streit klären, weil es häufig gar nicht um das Streitobjekt geht, sondern andere Bedürfnisse (Verbundenheit, Hunger, Selbstbestimmung ...) nicht erfüllt sind. Und viel wichtiger als herauszufinden, wer jetzt wann mit dem Pony spielen darf, ist, dass diese Grundbedürfnisse gesehen und befriedigt werden.

Welcher ist der größte Fehler im Umgang mit Geschwisterstreit?

Das sind Schuldzuweisungen und Rollenzuschreibungen. Es ist, wie gesagt, nie nur ein Kind schuld am Streit. Wenn wir Eltern aber ständig „das Kleine" vor „dem Großen" beschützen, ist niemandem geholfen. Irgendwann werden unsere Kinder dann ihre Rollen ausfüllen, so wie wir sie ihnen zugeschrieben haben. Dabei steckt in ihnen so viel mehr!

Wie kann die Geschwisterbeziehung positiv gefördert werden?

Geschwister wachsen mit positiven Erlebnissen aneinander. Wenn es in einer Zeit besonders viel Streit gibt, versuche ich immer, als Gegenpol besonders viele schöne Ereignisse zu organisieren, bei denen alle etwas entspannen können und wir uns wieder als eine Einheit fühlen. Das muss gar nichts Besonderes sein, und es muss auch nicht teuer sein. Wir lesen zum Beispiel sehr gern, also können wir zusammen in die Bibliothek gehen und neue Bücher ausleihen. Dann haben wir neues Gesprächsmaterial, und die Kinder spielen oft hinterher mit ihren Kuscheltieren die Geschichte nach.

SALZTEIG

DIY

Vermutlich kennst du Salzteig noch aus deiner eigenen Kindheit. Er ist mit nur wenigen Zutaten schnell angemischt und vielseitig verarbeitbar. Nach dem Trocknen kann er bemalt werden – er bietet somit viele Gestaltungsmöglichkeiten.

TIPP

Wenn du den Teig ausrollst, bestäube die Arbeitsfläche und das Nudelholz mit Mehl.

ZUTATEN

2 Tassen Mehl
1 Tasse Salz
1 Tasse Wasser
1 TL Speiseöl

SO GEHT'S

1. Vermenge das Mehl und das Salz in einer Schüssel.
2. Gib nach und nach das Wasser sowie das Öl hinzu und knete so lange, bis ein geschmeidiger Teig entsteht.
3. Kreiert Figuren, stecht Formen aus oder gestaltet, was immer euch in den Sinn kommt.
4. Die Werke trocknen.

Im Backofen: Salzteig-Kunstwerke, die gleichmäßig dick sind, können gut im Ofen getrocknet werden, flache Anhänger zum Beispiel. Zunächst sollten auch diese an der Luft so weit trocknen, bis der Teig komplett weiß ist. Dann die Werke auf ein Backblech legen und mit Speiseöl bepinseln. Anschließend bei 60 °C je nach Dicke bis zu mehrere Stunden backen. Gelegentlich die Backofentür öffnen, damit die Feuchtigkeit entweichen kann. Zudem die Werke wenden, damit alle Seiten gleichmäßig trocknen.

An der Luft: Ungleichmäßig geformte Werke, wie etwa Figuren, sollten besser an der Luft getrocknet werden. Das kann je nach Dicke einige Tage bis wenige Wochen dauern. Während des Trocknens sollten die Werke an einem dunklen Ort mit geringer Luftfeuchtigkeit lagern. Das Werk nach einiger Zeit wenden.

5. Ist der Salzteig vollständig ausgehärtet, kann er bemalt werden.

MÖGLICHE SALZTEIG-KREATIONEN

- Weihnachtsbaumschmuck
- Anhänger für Geschenke
- Eierbecher
- Teelichthalter
- Obst & Gemüse für den Kaufmannsladen
- Fuß- und Handabdruck
- Schlüsselanhänger
- Schmuckschale
- Anhänger für Windspiel oder Mobile
- DIY Mensch ärgere dich nicht

VEGANE ZUCCHINI-PUFFER

In diesen Puffern bekommt man eine Auswahl an Gemüse aus dem eigenen Garten unter. Die Form ist zudem ideal für kleine Kinderhände, die noch nicht mit Besteck essen können. Kalt sind die Puffer auch ein idealer Snack für unterwegs.

DIY

ZUTATEN

1 Zucchini
1 Möhre
200 g Haferflocken
1/2 Bund Petersilie
1 EL Tomatenmark
1 TL Paprikapulver
1 Prise Salz & Pfeffer
etwa 60 ml warmes Wasser
Öl zum Braten

SO GEHT'S

1. Die Zucchini und die Möhre fein raspeln.
2. Die Petersilie hacken.
3. Alle Zutaten bis auf das Wasser in eine Schüssel geben, vermengen und kräftig kneten.
4. Das Wasser nach und nach zu dem Gemisch geben und weiter vermengen, bis du mit der Konsistenz zufrieden bist.
5. Etwa 10 Minuten ziehen lassen.
6. Den Backofen auf 190 Grad vorheizen.
7. Kleine Puffer formen und auf ein Backblech legen. 10 Minuten von der einen Seite backen, wenden und nochmals 10 Minuten von der anderen Seite backen.

HINWEIS

Hast du einen eigenen Garten, kann das Gemüse für dieses Rezept darin angebaut werden. Hast du keinen Garten, kannst du die Petersilie auch in einem Kräutertopf auf der Fensterbank gemeinsam mit deinem Kind ernten.

SPEZIAL: LASTENRAD

SPEZIAL: LASTENRAD

Meine Community auf @subvoyage hat mir einige Fragen rund um das Thema Lastenrad gestellt, die ich an dieser Stelle gerne beantworten möchte.

WIR UND UNSER LASTENRAD

Bis zur 12. Lebenswoche meiner zweiten Tochter habe ich mit meiner kleinen Familie in der Großstadt Köln gelebt. Ein Auto war dort für uns überflüssig, alle Wege konnten wir bequem zu Fuß, mit den öffentlichen Verkehrsmitteln oder unserem liebsten Transportmittel bestreiten: dem Lastenrad. Mittlerweile sind wir in unsere beschauliche Heimatstadt zurückgezogen und leben deutlich ländlicher. Nach wie vor kommen wir ohne eigenes Auto aus und sind häufig mit zwei Kindern im Lastenrad unterwegs.

VORTEILE GEGENÜBER EINEM ANHÄNGER?

Ein Lastenrad hat eine deutlich höhere Tragfähigkeit. Je nach Modell kann es mit bis zu 200 kg beladen werden. Bei den meisten Fahrradanhängern hingegen ist bei maximal 50 kg Zuladung Schluss. Ein Lastenrad kann somit deutlich länger genutzt werden, es eignet sich für den Transport von mehreren Grundschulkindern gleichzeitig und dem Wocheneinkauf on top. Selbst in unserem schlanken Modell finden bis zu vier Kinder Platz. In einem Fahrradanhänger können maximal zwei Kinder sitzen.

Durch die erhöhte Sitzposition können die Kinder während der Fahrt deutlich besser die Umgebung beobachten. Auch das Unterhalten fällt leichter. Die Interaktionsmöglichkeiten sind somit deutlich höher.

AB WELCHEM ALTER KANN MAN DAS KIND MITNEHMEN?

Wir haben unsere Kinder ab dem dritten Lebensmonat in der Autobabyschale und der dazugehörigen gefederten Halterung im Lastenrad mitgenommen. Das ist die offizielle Empfehlung des Herstellers. Die meisten Anhängerhersteller empfehlen Babys ab dem sechsten Lebensmonat in der passenden Hängematte mitzunehmen.

IST DAS FAHRVERHALTEN DEUTLICH ANDERS IM VERGLEICH ZU EINEM NORMALEN RAD?

Ich kann nur aus der Erfahrung heraus mit unserem sportlichen City-Bike auf zwei Rädern sprechen. Mit diesem Rad fiel die Umstellung ziemlich leicht. Ich bin nicht besonders Radsport-erfahren. Und dennoch bin ich nach nicht einmal einer Woche lieber mit dem Lastenrad als mit meinem normalen Straßenrad gefahren. Bei stationären Händlern kann man verschiedene Modelle zur Probe fahren. So findest du das für dich passende Modell.

MIT ODER OHNE E-ANTRIEB?

Pauschal lässt sich diese Frage nicht beantworten. Das hängt ganz von dem Modell, dem Einsatz, dem Gelände, der Beladung und der eigenen Fitness ab. Unser Lastenrad hat eine elektrische Tretunterstützung und diese möchten wir auch nicht missen.

COMMUNITY-TIPPS

Auf meinem Instagram Account @subvoyage nehme ich meine Leser*innen seit 2014 mit auf meinem Weg hin zu mehr Nachhaltigkeit. Seit 2017 liegt der Fokus durch die Geburt meiner ersten Tochter auf dem nachhaltigen Leben als Familie. Für dieses Buch habe ich meine Community nach ihren Tipps gefragt.

»Wie oft habe ich den Satz ‚Mama, so was will ich auch!' gehört? Oft! Quetschie, Glitzershirt oder das drölfzigste Plastikspielzeug – meine Kinder hätten gerne, was ihre Freunde auch haben. Wie wir damit umgehen? 1. Dem Alter entsprechend erklären, warum wir auf manches verzichten 2. Gemeinsam nach Alternativen schauen und 3. Hin und wieder darauf pfeifen, gemeinsam Caprisonne schlürfen und dann knallen lassen.«

- Vicky von @lass.ma.raus -

»Stoffwindeln nicht als Paket von einer Marke kaufen. Es kann sein, dass der Schnitt einfach nicht am Baby sitzt. Daher besser Secondhand ein paar verschiedene Modelle kaufen und später, wenn man weiß, womit man zurechtkommt, nachkaufen. Und statt Feuchttüchern einfach kleine Läppchen aus alten Handtüchern oder Mulltüchern zurechtschneiden. Können dann genauso in der Stoffwindel-Wäsche gewaschen werden und dann wird auch jedes Mal die Maschine voll.«

- Anna von @Zitronentier -

»Man muss bewusst nach Alternativen suchen. Oftmals hat schon jemand eine gute Idee gehabt. Und sehr oft unterstützt man dann auch kleine Unternehmen vor Ort. Und das ist super!«

- Juliana von @lamala.crochet -

»Wir haben nur das Nötigste gekauft, bevor das Baby da war. Und: Die Investition in gute Fahrradausrüstung lohnt sich!«

- Vera von @justlivera -

»Unterwegs nehme ich statt Feuchttüchern einen nassen Lappen in einer Box mit.«

- Lisa von @lisa.la.lisa -

»Scheut euch nicht davor, klein anzufangen.«

- Luise von @iseplz -

»Unsere beste Anschaffung: ein Lastenrad. Wir lieben es!«

- Crystel Alice von @noosa86 -

»Ich benutze Plastikverpackungen, wie die von Toilettenpapier, als Mülltüte. So haben diese noch ein zweites Leben.«

- Elisa von @elisa_july15 -

»Wir verwenden beim Essen zum Saubermachen einen feuchten Waschlappen. So simpel und so praktisch!«

- Halice von @halice.kv -

»Mit Kleinigkeiten anfangen und sich dann langsam steigern. Keinen übermäßigen Druck machen.«

- Annalena von @annalena.kluge -

»Weniger Kram besitzen. Räumt man auch schneller auf.«

- Julia von @rostkehlchen -

»Der Bezug einer regionalen Gemüse-Abo-Kiste reduziert Müll und stärkt kleinere landwirtschaftliche Betriebe.«

- Rosa von @rosalichtspiel -

Ich hätte gerne vorher gewusst, dass …

»Reste der Kita-Brotbox pürieren und als Quetschie (nachfüllbare Version) anbieten oder Gemüsereste wie Paprikastreifen abends anbraten. Wasser und Waschlappen statt Feuchttücher. Spielplatzsnacks vorbereiten und in kleinen Gläschen mitnehmen – Gekauftes ist meist verpackt. In der Schwangerschaft schon Baumwolltücher nähen: zum Wickeln und Mund oder Hände Abputzen. Regelmäßige Ausflüge in die Bücherei statt sämtliche Bücher und Brettspiele neu zu kaufen. Gemeinsam einen Kalender basteln: Wann hat welches Obst/Gemüse Saison, und warum kaufen wir keine Peru-Kirschen?«

- Elif von @traumeskapaden -

»… es so einfach ist, mit Stoffwindeln zu wickeln! So natürlich & nachhaltig, dass es wirklich jeder hinbekommt und einfach die beste Option für Umwelt und Kind ist! Es wird Zeit, dass es viel üblicher wird und mehr Eltern diese Option in Betracht ziehen.«

- Karoline von @liebevollwickeln -

»… es waschbare Schwimmwindeln gibt.«

- Julia von @pipaya37 -

»… man teilweise auf so großen Widerstand stößt – wegen Kleinigkeiten.«

- Annalena von @annalena.kluge -

»… es Stoffwindelberatungen gibt. So musste ich mich erst einmal durch den Dschungel schlagen.«

- Lisa Marie von @lisa.marie.rinder -

»… Plastikbabyflaschen eh nach 2 bis 3 Monaten ausgetauscht werden müssen. Flaschen aus Glas oder Metall nicht.«

- Franzi von @firlefanti -

»… man Größe 50/56/62 am besten nur ausleiht. Sie wachsen da so schnell raus und selbst beim zweiten Kind passt dann oftmals nicht die Jahreszeit oder der Geschmack und die Prioritäten haben sich geändert.«

- Elif von @traumeskapaden -

»… alles, was mir zu Beginn zu „öko" erschien, nach 6–8 Wochen völlig normal war. Etwa das Wickeln mit Stoffwindeln.«

- Elif von @traumeskapaden -

»… man viel Gegenwind bekommt und schnell der Alien ist. Ich habe kaum Gleichgesinnte.«

- Jule von @noch.ne.jule -

LINKS, MEDIEN & CO.

Blogs

www.dontwastebehappy.de
www.elisabethgreen.com
www.gemachtwiegedacht.de
www.gruenesfamilienleben.de
www.hausnummersechs.com
www.kinderhausmittel.com
www.livelifegreen.de
www.lilies-diary.de
www.mamadenkt.de
www.mumandstillme.com
www.naturkinder.de
www.suchtdasglueck.at
www.umweltgedanken.de

Instagram Accounts

@apollolena
@babyccinoberlin
@bindungsorientiert
@carmen_hercegfi
@diekleinebotin
@ekulele
@familie_nachhaltigkeit
@flusine
@franzisaidwhat
@geborgengebunden
@geborgen_wachsen
@greenfriday
@hallohebamme
@herz.mama
@hej_hanni
@ichlebegruen
@individualisten.at
@justlivera
@langsam.achtsam.echt
@littleyears
@milenskaya
@mother.and.lifelover
@myrivegauche
@mysustainableme
@naturmama
@nicetohavemag
@papawickelt
@radreisendefamilie
@slowmothering
@thehappyyears.de
@vatersachen
@wasteless_hero
@zerowaste_kinder_deutschland

Websites

www.greenpeace-jugend.de
www.haus-der-kleinen-forscher.de
www.naju.de
www.naturdetektive.bfn.de

Dokumentationen & Serien

Amazonia
Das grüne Wunder – Unser Wald
Die Reise der Pinguine
Der weiße Planet
Königreich Arktis
Planet Erde II
Unsere Erde
Unsere Ozeane
Unsere Wildnis

ZDF: Löwenzahn
WDR: Sendung mit der Maus

Online-Shops

www.babyboxfamily.com
www.echtkind,de
www.ecotoy.de
www.emma-und-paul.at
www.fabihaft.at
www.greenstories.de
www.gruenes-spielzeug.de
www.hans-natur.de
www.heldenkind.de
www.hug-and-grow.de
www.junaconcept.com
www.kidswoodlove.de
www.kivanta.de
www.kruemel-natur.de
www.kyddo.shop
www.littlegreenie.de
www.natuerlich-familie.de

REGISTER

QUELLEN

Bücher

artgerecht,
Nicola Schmidt

artgerecht Kleinkinder,
Nicola Schmidt

Das gewünschteste Wunschkind aller Zeiten treibt mich in den Wahnsinn,
Danielle Graf & Katja Seider

Das große Buch zur Schwangerschaft,
Prof. Dr. med. Franz Kainer & Annette Nolden

Die Heilkraft der Gewürze für Kinder,
Sabina Topolovec & Sanja Lončar

Einfach Familie leben,
Susanne Mierau & Milena Glimbovski

Geborgen wachsen,
Susanne Mierau

Geschwister als Team,
Nicola Schmidt

Guter Hoffnung,
Kareen Dannhauer

Intuitives Stillen,
Regine Gresens

Montessori für Eltern,
Simone Davies

Mutter werden,
Jule Tilgner & Marcia Friese

Simplicity Parenting,
Kim John Paye

Slow Family,
Julia Dibbern & Nicola Schmidt

Vegan in anderen Umständen,
Carmen Hercegfi

Vegan Love,
Lauren Wildbolz

Websites

www.baby-und-familie.de
www.biologie-wissen.info
www.die-natur-hilft.de
www.kindergesundheit-info.de
www.kinderhomöopathie.ch
www.lbv.de
www.naturkindmagazin.de
www.naturundmedizin.de
www.smarticular.net
www.utopia.de
www.wir-leben-nachhaltig.at

ÜBER DIE AUTORIN

Julia Zohren ist zweifache Mutter. Ihre Töchter wurden im Oktober 2017 und im Februar 2020 geboren. Schon im Jahr 2014 begann für Julia die Reise hin zu einem nachhaltigeren Leben. Schritt für Schritt sucht sie umweltfreundliche Lösungen für Alltagsprodukte und -situationen. Auf ihrem Blog & Instagram-Kanal subvoyage teilt die grüne Bloggerin ihr Wissen und gibt ihren Lesern hilfreiche Tipps mit an die Hand.

DANKSAGUNG

Mein Mann **Yannick** und meine beiden Töchter **Amelie** und **Sofia** sind meine größten Stützen im Leben. Sie geben mir Halt, inspirieren und fordern mich. Ihr seid der Grund, warum ich unsere Welt ein klein wenig nachhaltiger gestalten möchte. Zudem bin ich unendlich dankbar für Unterstützung meiner restlichen **Familie**. Sei es in Form von Zuspruch oder aber das Verschaffen von kinderfreier Zeit. Ohne diese Hilfe wäre solch ein Buchprojekt im Mamaalltag für mich nicht umsetzbar.
Der Großteil der Bilder in diesem Buch wurden von der wunderbaren **Lena Keller** angefertigt. Wir haben uns in Köln kurz vor meinem Umzug kennenlernt und die Chemie stimmte von Beginn an. Ich bin froh solch eine empathische Fotografin und starke Frau an meiner Seite zu wissen.

Ich bin dankbar, nun bereits mein drittes Buch gemeinsam mit dem **EMF Verlag** schreiben zu dürfen. Besonderer Dank gilt der Lektorin Anne sowie der Grafikerin Luca.
Die Online-Redakteurs-Studentin **Madeleine Dehus** hat mir bei einigen Teilen bei der Recherche unter die Arme gegriffen. Sie unterstützt mich auch bei Arbeiten rund um meinen Blog tatkräftig. Ich kann mich stets auf Madeleine verlassen und bin dankbar für ihre großartige Unterstützung.
Zuletzt möchte ich meiner **Instagram-Community** auf @subvoyage danken. Der Austausch mit meiner Community ist für mich unglaublich bereichernd. Es ist ganz wunderbar, dass meine Community nun sogar ein Teil des Buches geworden ist.

@subvoyage
www.subvoyage.de

Ich freue mich, wenn ich euch ein paar gute Tipps für euer nachhaltiges Familienleben an die Hand geben konnte. Wenn ihr mehr erfahren wollt, folgt mir gerne auf Instagram oder schaut auf meinem Blog vorbei!

IMPRESSUM

Bibliografische Information der Deutschen Bibliothek.

Die Deutsche Bibliothek verzeichnet diese Publikation in der Deutschen Nationalbibliografie.
Detaillierte bibliografische Daten sind im Internet über http://www.dnb.de/ abrufbar.

EIN BUCH DER EDITION MICHAEL FISCHER

1. Auflage 2020

Covergestaltung, Layout und Satz: Luca Feigs
Projektmanagement und Lektorat: Anne Hörr

Bildnachweis

Fotografien
Lena Keller von @lovegrowswild_photography, außer
Julia Zohren von @subvoyage: S. 18, 19, 25, 27, 48, 56, 95.
S. 48: © ellieelien/Unsplash

Porträtbilder Interviews
Carmen Hercegfi (S. 20): © Oliver Reetz, Kristin Graf (S. 44): © Ilka Maria Schneemann (milchundliebe.de), Susanne Mierau (S. 69): © Katja Vogt, Romy Winter (S. 90): Birka Gleichmann, Anna Brachetti (S. 112): © Karolin Rögner.

Mode-Zertifikate S. 78: © Global Organic Textile Standard (GOTS), © Fear Wear Foundation (FWF), © TransFair e.V. (Fairtrade Certified Cotton), © bluesign technologies ag (Bluesign), © Internationaler Verband der Naturtextilwirtschaft e. V. (IVN BEST), © OEKO-TEX® Service GmbH (OEKO-TEX Made in Green), © RAL gemeinnützige GmbH (EU Ecolabel – Textilien / Grüner Knopf), © Naturland - Verband für ökologischen Landbau e.V. (Naturland–Textilien).

ISBN 978-3-7459-0035-4

Gedruckt bei Polygraf Print, Čapajevova 44, 08001 Prešov, Slowakei

www.emf-verlag.de

FSC
www.fsc.org
MIX
Papier aus verantwortungsvollen Quellen
FSC® C145070